南京文献精编

冶城话旧

（民国）卢前 著

东山琐缀

（民国）卢前 著

卢佶 审校

南京出版传媒集团
南京出版社

图书在版编目（CIP）数据

冶城话旧；东山琐缀 / 卢前著 . -- 南京：南京出版社，2024.6

（南京文献精编）

ISBN 978-7-5533-4685-4

Ⅰ . ①冶… Ⅱ . ①卢… Ⅲ . ①风俗习惯史—南京
Ⅳ . ① K892.453.1

中国国家版本馆 CIP 数据核字（2024）第 053348 号

总 策 划　卢海鸣

丛 书 名　南京文献精编
书　　名　冶城话旧 · 东山琐缀
作　　者　（民国）卢前
出版发行　南京出版传媒集团
南　京　出　版　社

社址：南京市太平门街 53 号　　邮编：210016
网址：http://www.njcbs.cn　　电子信箱：njcbs1988@163.com
联系电话：025-83283893、83283864（营销）　025-83112257（编务）

出 版 人　项晓宁
出 品 人　卢海鸣
责任编辑　严行健
装帧设计　王　俊
责任印制　杨福彬

排　　版　南京新华丰制版有限公司
印　　刷　南京新洲印刷有限公司
开　　本　890 毫米 ×1240 毫米　1/32
印　　张　4.625
字　　数　124 千
版　　次　2024 年 6 月第 1 版
印　　次　2024 年 6 月第 1 次印刷
书　　号　ISBN 978-7-5533-4685-4
定　　价　40.00 元

用微信或京东 APP扫码购书

用淘宝APP 扫码购书

总序

南京是我国著名古都，有近2500年的有文献记载的建城史、约450年的建都史，素有“六朝古都”“十朝都会”之誉。南京也是文化繁盛之地，千百年来，流传下来大量的地方文献，题材多样，内容丰富，这些文献是研究南京政治、经济、军事、文化、科技、外交和民风民俗的重要资料，是中华优秀传统文化的重要组成部分。做好历史文献的整理出版工作，深度挖掘传统文化资源，不仅有利于传承、弘扬南京历史文化，提升南京美誉度，扩大南京影响力，也有利于推动物质文明、政治文明、精神文明、社会文明和生态文明协调发展。

长期以来，大量的南京珍贵文献散落在全国各地的图书馆和民间，许多珍贵的南京文献被束之高阁，无人问津，有的随着岁月的流逝而湮没无闻。广大读者想要查找阅读这些散见的地方文献，费时费力，十分不便。为继承和弘扬好这一祖先留给我们的宝贵文化遗产，从2006年开始，南京出版社与南京市地方志编纂委员会办公室等单位通力合作，组织专家学者搜集南京历史上稀有的文献，将其整理出版，形成“南京稀见文献丛刊”。“南京文献精编”就是从“南京稀见文献丛刊”中精心挑选而成，题材包括诗文、史志、实录、书信、游记、报告等，内容涵盖历史、地理、政治、经济、军事、文化、教育、宗教、民俗、陵墓、城市规划等方面，全方位、多视角地展示了南京文化的深层内涵和丰富魅力。

“睹乔木而思故家，考文献而爱旧邦。”我们希望通过这套“南京文献精编”丛书的出版，满足人民群众多层次、多方面、多样化阅读需求，打造代表新时代研究水平的高质量南京基础古籍版本，为推进中国式现代化南京新实践提供精神动力。

“南京文献精编”编委会

导读

卢前，原名卢正绅，字冀野，号小疏、饮虹、云师等。他1905年出生于一金陵世家。少年时代喜爱文学，参与发起"玫瑰社"，出版"心潮"杂志，主编过南京最早新式报纸《新江苏日报》的副刊"春晓"。1923年，加入"新南社"。在东南大学读书期间，师从吴梅、王瀣等著名学者。1927年东南大学毕业，先后在金陵大学、河南大学、成都大学、光华大学、暨南大学、复旦大学、中央大学等高校任教。曾任福建永安国立音乐专科学校校长，重庆国立礼乐馆编纂，《民族诗坛》杂志主编。抗战结束后，除仍在大学教书外，还任《中央日报》副刊《泱泱》、《山海》主编。并任南京通志馆馆长，文献委员会主任。主持征集、编纂、出版了《南京文献》26期。《南京文献》包括46位作者写的64种文献，约250万字，时代涉及元、明、清和民国，使大量珍贵的地方文献得以保存。1951年，卢前因病逝世于南京。

卢前生前，有大量文学创作、论著发表；而所撰有关南京的乡邦文献、文章也不少。此次南京出版社出版的，是其中的《冶城话旧》和《东山琐缀》两种。

一

《冶城话旧》，系卢前1937年在上海暨南大学任教期间，为张恨水先生所编的《南京人报》撰写的专栏文章，前后约一百则，其内容均为卢前亲历、亲闻的南京掌故、轶闻。1944年，重庆的《万象周刊》将这些小文汇集，由卢前加写了若干，出了单行本，张恨水先生为之写了序言。

因读者是广大市民，其写作文式与其它地方文献有些不同。一是要短小简洁，可读性强；二是，内容应不是以往文献之已有，又为报纸读者所乐见；第三，所述内容，虽多为轶闻掌故，却不能纯然编造，应符合方志文献之要求。诚如张恨水先生在序中所说："文中所述金陵故事，考订实在，且多为人所未悉。"这是此书能成为一本有价值的方志文献的一个原因。

以第一则"哀江南曲"为例，所述《桃花扇》剧中的"哀江南曲"，当时在南京，可谓家喻户晓，但人们皆以为是孔尚任所作。而卢前考证，实出自徐旭旦之手。小文不过二百多字。而卢前所下的考据功夫，却是惊人。在后来的《京沪周刊》上，卢前曾有文章详述此则小文的来龙去脉。又如"南武山人谒孝陵"，虽只介绍了丘逢甲的"谒明孝陵诗"，并认为应补入《明孝陵志》。而卢前实另著有"民族诗雄丘逢甲"等论文，作为其文之基础与背景。

书中共收有小文112则；如再加上1950年左右南京《新民报》上找到的"续冶城话旧"7条，则共为119则。其中约有二三十条，谈的是南京的耆宿先贤：如“仁厚里”，介绍了王瀣；“温明叔寿诞”谈的是绫庄巷温葆深轶事；“石寿山房”是八股文大家卢崟；“娱生轩”讲的是曾与康有为、文廷式均有交往的王德楷；“碧瀣翁”、“鞠讌斋”分别说的是词人端木埰、仇埰；“旧时月色”谈陈匪石；“千一斋”说的程一夔；“胡三怪”说的是牛首翁胡翔冬，“老怀怕对六朝花”说的是石弢素，“左庵惧内”说的是刘师培，等等。虽皆学人，但千姿百态。内中还谈及当时文人的集会：书社“襄社”，词社“如社”、“多宝舫”，书画社“雪社”。

卢前一生研究曲学，对民间说唱艺术向来关注，故书内也多有名噪一时的艺人。如“刘宝泉与庄景周”、“董莲枝”、“康氏父子说书”、“北局”、“顾无为文明戏”；还有说吹笛大师的“笛史”及“王宾鲁琴”等。

另外，本书还涉及很多不同行业的人物，有谈刻印高手的“丁二仲金石”，画家“苍崖和尚”等。还有南京的名中医，如“国手报师恩”，讲的是一代名医张简斋；“世医”一条，则介绍了随翰英等南京的许多中医世家。至于“南高北叶”、“丁剥皮”等，则是记录当时的塾师，他们可能也是中国最后一代的塾师了。内中也没忘记录下乡井市民的故事：如“王风子”、“胡夏庐仆”、“李三哥”、“王二麻子”、“侯莘生吃鸭”等。还谈到了两名外籍人士：一是法国人“翟神父”；而“马林牧师”中，则说了其与鼓楼医院的关系。

书中也有地方官员的身影，有在南京为官的，也有在外地为官的南京籍人：如“木印藩司”、“百日省长”、“王梁”、

"固始令"、"强项令"、"幽默令"等。

金陵旧迹的掌故的也很多,如"凤凰台"谈的是凤游寺、"英雄美人"说了莫愁湖的郁金堂、以及"媚香楼故址"、"扫叶楼"、"库司坊"、"石观音"、"翠微亭"等等。卢前还在文中,分别建议在翠微亭旧址新建一座词皇阁,为"津逮楼"修志等。

在清末民初,南京战事频繁。卢前在《冶城话旧》中,以一介市民的眼光,对此做了记录:如"被盗之夕"、"章梓"、"陋巷诗"、"难忘之一日"、"朱培生"等等,均可为正史之补充。

《冶城话旧》一书,也被收录在《南京文献》的第四号(期)之中。

二

《东山琐缀》中收录的,是卢前陆续纂写的另外六篇文献。其第一篇"东山备乘",第二篇《民国以来江宁长官表》,皆为清末民初江宁县行政管理的沿革的记录。第三、四、五篇,则记录了曾在南京辉煌过的三个手工行业:"木板印刷"、"缎业"、"鸭业"。最后一篇是清末民初流行于民间的南京"俗语"。这六种均系易被人们忽略的乡邦专题资料,所以卢前将其作为南京已有方志的一种"补缀",故取名为《东山琐缀》。

首先是"东山备乘",他在文中谈到了他与东山的关系:1926年后,国民政府成立,市县分治。1933年成立江宁实验县,并迁至东山镇;1937年,当时的江宁县长彭百川,曾邀请卢前到东山游览,并约请卢前帮助修县志。1945年后,江宁县设文献委员会,卢前是委员会的主任。他在文末写道,“卢前数至东山,采其可录存者,削稿一卷,俾他日有所取资,题为《东山备乘》云。”谈了纂写的经过。第二篇“民国以来江宁长官表”,目的也是记录下南京郊县的行政设置的沿革,备后人检索。在社会剧烈变动,战事频仍之际,这些资料极易被忽略、湮灭,这正是卢前所担心的。

三个手工行业之中,卢前对其中木板印刷,本来就都很熟悉,而且感情深厚。他一生中许多著作,如卷帙巨大的《饮虹簃所刻曲》卷,都是木板刻印的。所以,卢前在“书林别话”中,谈到这一古老技艺,如数家珍一般。他和许多刻家,如姜毓麟等人,也都是长年的朋友。文末一节中,他谈到为了保存、延续这门手艺,真可谓费尽了心思。《书林别话》另外还出过单行本。写到此处,笔者[①]还回忆起,幼年还随父亲去过夫子庙一处刻书坊,父亲在那里,与刻工们详细讨论《天京录》一书刻印中遇到的问题,盘桓近半日;而我在一旁,对反书书板、及工人刀刻之神速,非常惊愕。其情其景,历历在目。“织造余闻”所述的是缎业。南京街头巷陌之中,绸缎编织的机杼声,曾轰鸣了数百年,而现在却消失得无声无息,为此卢前至为惋叹。故与行业人士作过长谈,记录有关的史料,让后人能有踪迹可寻,此文就是这样形成的。卢前始终心系这一行业的前途。在1950年董必武来宁时,卢

① 本书审校者及导读作者为卢前之子卢佶。

前还与之谈过：期望今后能复兴南京的“缎业”，资供出口，以繁荣经济。“鸭史”说的是闻名遐迩的“南京鸭”业，当然这不是一个将要消亡的行业，但作为民国时期南京的这一行业的资料，无疑是极有价值。其文虽短短千言，而记录却非常翔实。

最后的一篇是“俗语三家”。内容皆南京地方的“常言”、“俗语”。这是卢前从三位先贤的著作：甘熙的《白下琐言》卷六，陈作霖的《炳烛里谈》卷中，朱朝柱的《三度梅花馆杂著》稿本之中，悉数“荟出”的，以方便人们查对。卢前认为，过去金陵许多散曲作品，之所以“亟臻美善”，也是因为使用了这些“活的语言”之故。现在读之，内中有的或已消失；而有些，则仍为人们所使用。这从来也是中国方志中的重要资料，不应阙漏。

以上介绍了这两部著作的写作背景和特点，供读者阅读时参考。

本书以民国三十三年(1944)万象周刊社出版的《冶城话旧》和民国三十七年(1948)江宁县文献委员会印行的《东山琐缀》为底本进行校对。

卢　佶

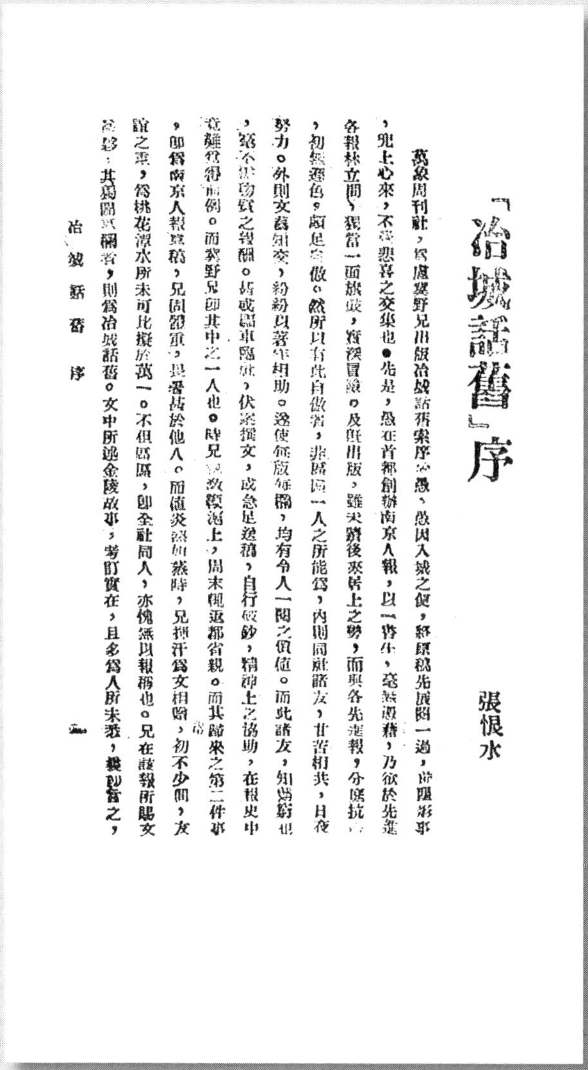
「冶城話舊」序

張恨水

萬象周刊社，將為蹇野兄出版冶城話舊索序於愚，愚因入城之便，細讀稿先展閱一過，當隨影事，兜上心來，不禁悲喜之交集也。先是，愚在首都創辦南京人報，以一普作，毫無憑藉，乃欲於先進各報林立間，獨當一面旗鼓，實深冒險。及既出版，雖未躋後來居上之勢，而與各先進報，分庭抗禮，初無遜色，頗足自傲。然所以有此自傲者，非謂區區一人之所能為，內則同社諸友，甘苦相共，日夜努力。外則文藝知交，紛紛以著作相助。遂使每版每欄，均有令人一閱之價值。而此諸友，知為窮報，絕不計物質之報酬。若或驅車隔城，伏案撰文，或急足送稿，自行破鈔，精神上之協助，在報史中竟難覓得前例。而蹇野兄即其中之一人也。時兄□教讀滬上，周末輒返都省親。而其歸來之第二件事，即為南京人報寫稿，兄固謹重，長譽甚於他人。而值炎暑如蒸時，兄揮汗為文相贈，初不少間，友誼之重，為桃花潭水所未可比擬於萬一。不但區區，即全社同人，亦愧無以報稱也。兄在該報所賜文字稿，其為關於掌故者，則為冶城話舊。文中所述金陵故事，考訂實在，且多為人所未發，欲別當之，

冶城話舊　序　一

万象周刊社 1944 年版《冶城话旧》书影

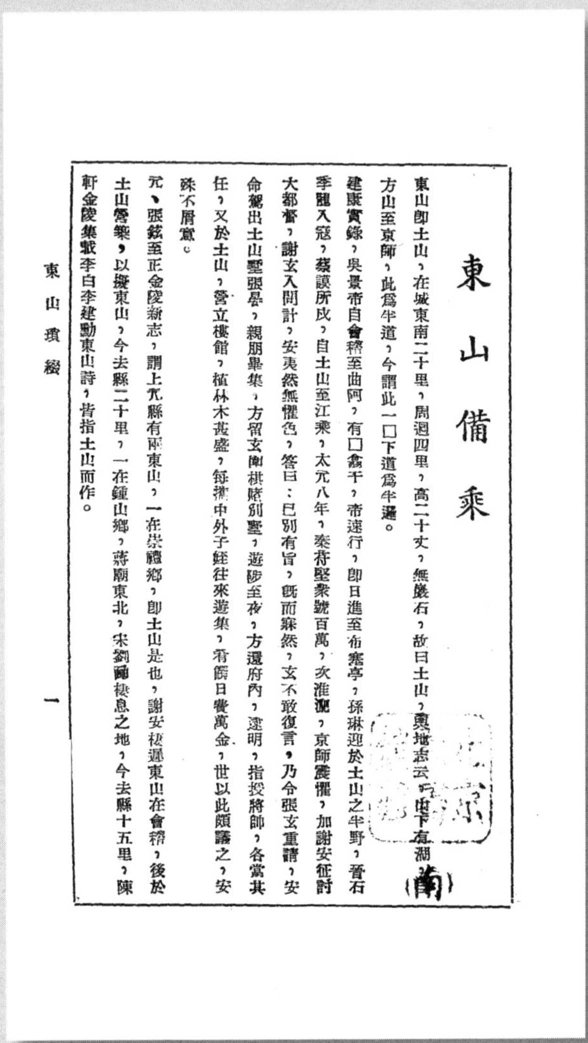
東山備乘

東山即土山，在城東南二十里，周迴四里，高二十丈，無巖石，故曰土山，輿地志云：中下有湖（南）方山至京師，此爲半道，今謂此一口下道爲半邏。

建康實錄，吳景帝自會稽至曲阿，有口翕千，帝速行，即日進至布塞亭，孫琳迎於土山之半野，晉石季龍入寇，蔡謨所戍，自土山至江乘，太元八年，秦苻堅衆號百萬，次淮淝，京師震懼，加謝安征討大都督，謝玄入問計，安夷然無懼色，答曰：已別有旨，既而寂然，玄不敢復言，乃令張玄重請，安命駕出土山墅張晏，親朋畢集，方留玄圍棋賭別墅，遊陟至夜，方還府內，逮明，指授將帥，各當其任，又於土山，營立樓館，植林木甚盛，每攜中外子姪往來遊集，肴饌日費萬金，世以此頗譏之，安殊不屑意。

元、張鉉至正金陵新志，謂上元縣有兩東山，一在崇禮鄉，即土山是也，謝安棲遲東山在會稽，後於土山營築，以擬東山，今去縣二十里，一在鍾山鄉，蔣廟東北，宋劉勔棲息之地，今去縣十五里，陳軒金陵集載李白李建勳東山詩，皆指土山而作。

江宁县文献委员会 1948 年刊行本《东山琐缀》书影

总目录

南京文献精编

冶城话旧

（民国）卢前 著
卢佶 审校

南京出版传媒集团
南京出版社

目　录

序

万象周刊社为卢冀野兄出版《冶城话旧》索序于愚。愚因入城之便，将原稿先展阅一过，前尘影事，兜上心来，不觉悲喜之交集也。先是，愚在首都创办《南京人报》，以一书生，毫无凭藉，乃欲于先进各报林立间，独当一面旗鼓，实深冒险。及既出版，虽未跻后来居上之势，而与各先进报分庭抗礼，初无逊色，颇足自傲。然所以有此自傲者，非区区一人之所能为，内则同社诸友，甘苦相共，日夜努力；外则文艺知交，纷纷以著作相助，遂使每版每栏，均有令人一阅之价值。而此诸友，知我穷也，毫不需物质之报酬，甚或驱车临社，伏案撰文；或急足送稿，自行破钞，精神上之协助，在报史中竟难觅得前例。而冀野兄即其中之一人也。时兄执教鞭沪上，周末辄返都省亲。而其归来之第二件事，即为《南京人报》写稿。兄固体重，畏暑甚于他人，而值炎热如蒸时，兄挥汗为文相赠，初不少间，友谊之重，为桃花潭水所未可比拟于万一，不但区区，即全社同人，亦愧无以报称也。兄在该报所赐文甚夥，其独辟专栏者，则为《冶城话旧》，文中所述金陵故事，考订实在，且多为人所未悉，曩即言之，当出专篇，以作南京文献。无何中日大战爆发，《南京人报》辍版，一切冀望，都成泡影，此项诺言，自亦无从实现。去冬《万象周刊》编者刘自勤弟，亦《南京人报》旧同事也，在渝搜罗《南京人报》，举报共得十馀册，《冶城话旧》之文，大都留迹报上。合浦珠还，喜出望外，并分函告愚及冀野兄，并拟出单行本。冀野兄可其请，并增新文若干，共得百篇。书成，亦为函告愚，谓此篇卒克出版，可象征人生遇合，及吾侪友谊之不渝。坠欢重拾，喜气充溢于字里行间。愚接函后亦大喜，觉不能不为是书一言矣。然愚半生心血钱，均消耗于两事，一为北平一美术学校，一为《南京人报》，二者皆毁于炮火，乃使愚鬓毛斑白，一事无成，其因此以负师友期望者，尤觉内疚于心。为卢兄此书之破镜重圆，而更思友人之镜毁于吾手而未圆者为多，其感慨正不足为人道耳。是文离合之经过如此，予细述之，特以纪念吾人之友谊，并以纪念《南京人报》。至于卢兄为当代词人，家学渊源，著作等身，无待愚之词费，是篇特其馀绪而已。

民国三十三年三月张恨水序于重庆

自序

《冶城话旧》一卷，民国二十六年作。时，友人张恨水先生创《南京人报》于南京，嘱写笔记，日刊报端。余每周往来京沪，家居不过一二日，酒醉耳热，偶尔命笔，写十数条，随寄恨水，先后计之，约有百则。八月十三日，余以暨南大学招考新生留上海，及事变起，仓皇从杭州间道还京，留十馀日，即举室西上。一战七年，至于今日，非当时意料所及。昨晤自勤，得见旧作，追寻往日，恍如梦寐。不知下笔伊始，又何以独先哀江南，岂文章亦有征兆耶？乌乎！当时话旧不过如是，使他日重归，更续此作，则所可记者，奚啻千百？自勤商以单行，未知读者读之，回忆京国，其感慨为何如也？

民国三十三年三月卢前

卷一

哀江南曲

孔东塘《桃花扇》续四十出《馀韵》一套，有《哀江南曲》，最为全书生色。初以为东塘所自撰也，然前段《秣陵秋》，实摘录贾凫西《木皮散人鼓词》，疑此套北曲，亦未必出东塘手。比得《世经堂乐府》，见"山松野草带花挑"全文，故赫然在第四卷中，作者徐旭旦，字浴咸，浙江泉唐人。卷中列名选订者有陈维崧、尤侗、宋元鼎，而李渔、洪昇皆有跋。取较《桃花扇》略有异同，题曰《旧院有感》。孔氏殆本此而易作《哀江南》欤？

洪杨乱后，金陵耆宿仿《哀江南》而作者，有杨柳门、周选之、吴竹如，写太平军之荼毒闾阎，惟妙惟肖，文笔虽不逮昔贤，然亦天国史料也。

玉井咏随园

道咸间，白下词人以许济秋先生宗衡为最。先生有《玉井山馆词》，中有《为仲复题随园图安公子》云：

不忍言重到，小仓山翠迷台沼。花弄蔚蓝天外影（"蔚蓝天"，随园斋额也），阑干闲了。便一片隔帘月照，谁欢笑？叹啼鹃惯使着人恼。六朝如梦，一例沧桑，何堪凭吊。

漫悔经过少，算来犹幸登临早。烽火十年乔木改，夕阳衰草。曾醉听猿吟鹤啸，烟云杳，还想到檐铁东风悄。落红池馆，记得分明，那时春好。

盖随园毁于洪杨兵事，此词则乱复作，先生尝游息于是，故有“重到”之语，感喟不能自已。案：《玉井山馆词》刻版，近为仇述庵丈等购得，已增印百数十部广其传。状元境文海山房有之。过小仓山者，手此一编，想见“蔚蓝天色”，当亦不胜沧桑之感矣。

马陵瓜

偶阅刘元卿《贤弈编》，谓：“中国初无西瓜，见洪忠宣皓《松漠纪闻》。盖使金虏，贬递阴山，于陈王悟室得食之，云种以牛粪，结实大如斗，绝甘冷，可蠲暑疾。”《丹铅馀录》引五代郃阳令胡峤《陷虏记》云：“于回纥得瓜，名曰西瓜。”其言与忠宣同，以为至五代始入中国。按忠宣使虏，乃称创见；则峤尝之于陷虏之日，而不能种之于中国也。其在中土，则自靖康而后。其在江南，或忠宣移种归耳。

江南以土壤之异，所产瓜实远逊于朔方。都下所重，曰马陵瓜，盖明马后陵园种也。以是取之朝阳门外者，袭而称之，凡瓜形长圆者，咸呼为马陵。或循声误，讹作马铃。

旧时，食西瓜毕，每雕镂为灯。以马陵瓜形制灯，乃不如椭圆者，余因是自幼不爱之，而爱圆瓜。然瓜灯则已久矣夫不见矣！

愚园泉石

门西鸣羊街愚园，为金陵名园之一，胡煦斋修之，土人称为胡家花园。论者以为泉石之胜不让吴中狮子林。陈伯严丈诗云："城中佳胜眼为疲，聊觉愚园水石奇。碧蕊紫荑春自暖，叠岩复径客何之？闲闲簪履相娱地，历历乾嘉最胜时。残月栖槛鱼影乱，真成醉倒习家池。"此诗仿佛未刊入《散原精舍集》。予儿时常游园中，主人胡碧澂光国，时年已八十馀，与话无隐精舍鹿坪间，指点汪悔翁旧时游憩处，未尝不想见当日之盛。匆匆二十年，今园荒已久，碧澂老人墓木拱矣！不知老人生前所撰《愚园诗话》者，今尚存否？使游斯园者，手是一编，虽无花鸟可以煖眼怡情，亦可供来者之凭吊，知斯园掌故，亦有足裨谈助者也。

成贤街

成贤街，为明国子监所在地（案：南监在今考试院），今中央大学在此。且仍旧名，亦儒林佳话。予年十四入南京高等师范附属中学，其时沿两江优级师范旧址，仅有一字房（今伯明堂）、口子房（焚去）、斋舍。孟芳图书馆前，洋槐夹道，皆民国十年以后光景也。惟大石桥、附属小学，仍多旧观。梅庵、德风亭、六朝松，此二十年来，亦几阅沧桑矣！

惟成贤街一小土地庙，予见其初改杂货肆，改教育馆、饭店，改南京印刷局；此一角落变迁频繁，所成就之人物亦夥。前明去今已远，故不可得考。自十六年至今日，不及十年，而此东方之古大学街（成贤街），乃亦有复杂之历史，惜无人更续《南雍志》耳。

选唱佛曲之制

读瞿佑宗吉《乐府遗音》，跋云："己亥夏，颁降佛曲。从学诸生，多被拘集，在宫歌唱。其于音律，素所未习，不免有扞格之患。为制北曲十首授之，俾度腔按谱，依登依永以歌焉。庶或得其梗概，而音律克谐，抑亦指引之一助也"云云。是明初有此选唱佛曲之制，无论诸生于音律习不习，悉加拘集，亦一异也。余遍考《南雍志》等书，皆无明文。不知此制始于何时。宗吉又云：雍生凯从学五年，最为亲密，今被选唱佛名歌曲，每乘夜来过，辄为唱歌数首，或留宿不去。嘉其情谊之笃，为制《水仙子》二首，俾度腔歌之，因以为赠。词云：

五年相守在边城，雪案萤窗独有情。新来陡觉书帷静，选拣去堂唱佛名。叫长街韵正登清，绿柳院凉风动，碧纱厨夜月明，绳床为汝倾听。

五年相守在山斋，冒风乘雨独往来。如今唱佛悬经袋，即便是前时小秀才。按新腔音韵和谐，再把起香茶盏，金烧将画烛台，向良宵容汝开怀。

宗吉能歌，亦可记载。然此初作于保安城南，其时当在永乐初年也。盖以诗祸编管，在保安寓英国张公邸中。

媚香楼故址

李香君媚香楼，初不知其地。民国十二三年，在石坝街发见界石，始知楼亦去钞库街不远。日前如社主课，予因以此命题，调寄《高阳台》，霜厓师立成，词曰：

乱石荒街，寒流古渡，美人庭院寻常。灯火笙箫，都唱雪苑文章。丛栏画壁知难问，问莺花、可识兴亡？镇无言，武定桥边，立尽斜阳。

南朝气节东京煎，但当年厨顾，未遇红妆。桃叶离歌，琵琶肯怒中郎？王侯第宅皆荆棘，甚青楼、寸土犹香。费沉吟，纨扇新词，点缀欢场。

论《琵琶》蔡中郎事，见侯朝宗《壮悔堂集》。此词在吾师为别调，与金陵掌故，不可不知。

库司坊

相传阮大铖石巢园即今门西库司坊之韦氏园。名“库司坊”者，亦即《桃花扇》所谓“裤子裆”。岂当时已名库司坊，而时人以谐音字嘲之？抑原名裤子裆，改作库司坊乎？不可知已。阮居金陵甚久，牛首山献花岩、祖坛均曾小住。或谓《燕子笺》即削稿于献花岩者。衡叔得明刊《献花岩志》，近方翻刻。此书当成于隆万间，故不及收集之作。然《咏怀堂诗集》中于南郊诸胜，颇有题咏。诗之高逸，不让韦孟。散原谓不以人废言，五百年一大作乎！日前在库司坊欲寻觅此翁遗迹，渺不可得。案此则可补《园墅志》所未及。

艺风故居

丹徒柳劬堂师诒徵，榜国学图书馆楼曰“艺风楼”，所以追念江阴缪小山先生荃孙也。张文襄《书目答问》,相传出先生手。时文襄官四川学政,先生方入蜀考金石也。先生居金陵久,故宅在颜料坊,身后藏书略尽,诸子多家困,并此宅亦不能守。此宅今归篆枝堂夏氏。正宅仅四进,后进有楼,而旁宅并有楼相连,南京俗所谓跑马楼者是也。夏蔚如先生(仁虎)拟立"南京书库",聚南京人所著书。其楼即艺风翁旧日藏书地也。夏氏久居北都,此宅托先君为购置者,先君与艺风幼子立券,归为惋叹竟日,曰:"名父之子乃如此!"

石观音

门东东花园,徐中山之东园也。附郭旧有湖,曰娄湖,今俗讹称为老虎头,误矣。旁有赤石矶,其上即周孝侯读书台。下有石观音,每年六月十九日(旧历),香客麇集于此,七月中旬则移至清凉山。石观音之得名,因寺中石刻观音像一尊,趺坐古井上。相传井中有蛟,为害闾阎,观音菩萨常化身来收伏。其后里人招雕石像,永为镇压。香客来时,每投铜钱入井,久始闻声,井之深可知也。石像极庄严,较小心桥之玉佛古老多矣。

凤池书院

新廊小学旧为津逮学堂,津逮之前身即凤池书院也。武昌张裕钊尝讲学于是,张謇、范当世、朱铭盘相偕谒之凤池书院,裕钊大喜,自诧一日得通州三生,时以为佳话。其后,秦伯虞际唐任山长,改学堂,先君其继任者也。先是,先君创宏育学堂于望鹤冈宅中，不一年，遂与津逮合。今西安行营侯天士处长成即津逮高第，保定军官学校出身者也。予儿时常侍先君堂中，记庭前有枇杷树一，先君入讲堂，予即嬉戏树下。由今思之，不觉三十年矣，不知树尚在否？先君见背亦已十有二年。

问礼亭

考试院戴季陶院长，在洛阳得《孔子问礼老子图》石刻，筑问礼亭于院中，以《礼运》篇分韵征诗。时予以第二次高等文官考试襄试委员在闱中，分得“疾”字，为诗曰：“世乱如人病膏肓，不医何由起废疾。医国良方在六经，经旨惟礼不可失。永明一片石犹存，我常访之游洛日。云昔夫子过柱下，就聃问礼兴周室。国之四维礼冠首，大小戴记有完帙。孝园渊源出家学，见此儒道喜同术。是年移载向南都，树立华林馆之侧。他时郅治跻成康，请视此亭与此石。”孝园者，季陶先生所署，其园在五台山附近。此诗一夕而就，颇为师友所称。录之，备他日谈掌故者知此亭之落成，曾有征诗之举而已。

廉　园

全福巷孙氏为前外家，旧宅有“鹪巢”，外曾祖炜堂公栖息之所。院有梅一树，炜堂公故以画梅名。清末，叔外祖绍筠先生在王府园购置废圃，葺为“廉园”。园甚小而曲折，且与八府塘通，饶水石之胜；别有一“鹪巢”，先生常自署“鹪巢第四主”。民国十七年，易君左兄曾卜居其间，诗称“孙园”，不知即“廉园”也。此亦犹愚园之名“胡园”，园以主姓名之。园中又有“雪居”，先生在日，起坐于是，啸歌于是，积诗数千首，今尚存抱存舅父许。

状元境书肆

状元境，相传为秦会之(桧)宅址，故名。近数十年为书贾麇集之所。清末，李光明书庄刊行蒙学书籍，顾客最多，吾辈儿时所读“四书”“五经”皆李光明本，今移至金沙井矣。入民国后，昌明书局为各书店入状元境之始。然商务、中华先后开办于花牌楼，昌明不能取旧书肆代之也。萃文、保文堂开设较晚。卖旧书仍以文海山房为有办法，主人老冯，善于搜集，每有所得，视其所需，分送雇主家，不以门市为主。近年来京猎官者，多携古籍，遇困穷则以出售，老冯其掮客也。据云，每月经手仅数千元。百物昂值，而书价如故，又读书人少，老冯常怨恨云。

李光明庄

明初，金陵为人文之薮，三山街一带，书肆林立，如唐氏富春堂、文林山房等，在今日言版本者，可以一一指数。洎乎天启、崇祯时著名之书坊遂日少。李光明庄者，状元境一书肆也，其作坊在秦状元巷。当晚清时，东南各省几无不知李氏者，所刻如“四书”、“五经”、《三(字经)》、《百(家姓)》、《千(字文)》、《史鉴节要》、《龙文鞭影》诸书，皆当日家塾之课本,蒙童无不人手一编,故销行极广。其书内封面多印绿色画一帧,上加红色大字楷书,多出于父执胡小云先生之手。间有太史孝廉家,刻文稿硃卷,亦往往托李光明。李氏之子在光宣间,已多衣冠人物,如李鸿才字希白者,在前两江优级师范学堂曾任舍监,希白子列保则南京之名票友也。自商务印书馆、中华书局崛起,编制中小学教科书,而李光明之书遂不行。然四乡外县,犹有负担入城而购书者。今也则无。至刊刻书品,又远逊党家巷姜氏。于是姜氏刻书处尚存,而李光明庄不复知名于南京矣。

宴乐春鸭

南京以善制鸭著,桂花鸭、盐水鸭、板鸭、酱鸭,名目繁多。沙湾濮恒兴、黑廊韩复兴,与武定桥刘天兴,皆名鸭子铺,然予犹取宴乐春。买一鸭可以成全席:切炒鸭丝,薰鸭心肝,烩鸭掌、鸭舌、鸭腰之味尤佳;至鸭脯,则惟客所嗜,烹调有法;最后取鸭骨作汤,犹淮安之全鳝席,此亦可以谓之全鸭席矣。盖南京之鸭,多喂养于江北,每年秋末,贩鸭雏过江,入冬则“吊胚”。鸭商多清真教徒,宴乐春亦清真教饭馆也。马回回之座客常满,而宴乐春在武定桥侧,顾客不多。余返南京,每与仲廉往焉。

凤皇台

从愚园旁门出，则至凤游寺。相传寺即为凤皇台遗址，亦瓦官旧迹也。有阮嗣宗①墓，真伪不可辨矣。尝忆甲子②秋随霜厓③师、朱梁任先生锡梁，登台赋诗，用李太白原韵，各成一首。拙作已不复省记。梁任云："乾隆到处题诗，予所作和乾隆，非和谪仙也。"予亦常见其和乾隆诗集十数卷，嬉笑怒骂，藉以报文字狱隐恨。是日之诗有云："蒋尉青山几亡国，瓦官高阁此高丘。六朝金粉开南晋，丽载衣冠辱满洲。"依然平日口吻也。数年前梁任从苏州赴角直观唐塑，与其子皆覆舟而死。倔强一老，至死不屈，谈凤皇台，不觉此老之醉容栩栩如在目前。

英雄美人

莫愁湖之郁金堂，其上为胜棋楼，明徐达遗迹也。相传中山王与太祖常弈于此。此与陈图南胜宋祖之棋故事相类，然必胜棋于女儿湖上者，好事者每使英雄比邻美人，藉为佳话云尔。湖上楹联，予最爱彭刚直语："王者五百年，湖山具有英雄气；春光二三月，莺花合是美人魂。"亦婀娜，亦刚健。洪杨平后，又于楼旁筑曾公阁。先太史④撰《重修曾公

---

① 阮嗣宗：即阮籍。阮籍，字嗣宗。

② 1924年。

③ 霜厓：吴梅。

④ 即卢前曾祖卢崟。

阁记》,为骈体千言,悬壁上。前年夏,见失去二幅,公园管理人请予补书,至今尚未敢下笔,惧辱先人之遗也(又八府塘文正书院有先太史《旷观亭记》一文,求之十馀年未得)。然此记全文具存,见马瑞图《莫愁湖志》。

石寿山房

石寿山房者,在膺府老宅之继圃,先曾祖王考云谷公读书处也。公年十四,偕弟昭忠公应童子试。前夕,飧不得油,取灯盏馀沥饷之。及试,先高祖王考负昭忠公背上,一手牵公衣。主试疑其幼,面得卷即拔置前列。洪杨乱作,公去佐戎幕,事定始归。以同治丁卯[①]举于乡,辛未成进士,二甲第二名入翰林。时妣张太君尚健在,一日晨兴,鹊噪于庭,喜曰:"使六郎功名成就,鹊当三呼。"果三呼而报至矣。是皆前童了闻诸梁大人淑者。大淑人又尝为言:公在京师日,尝扶鸾,有"东风从此归云汉"语,其后果拜云南学政命。期满北归,不再出。继薛桑根[②]先生后为尊经书院山长,殁于明伦堂。其在云南,有马绅者,子数与试不第,欲贿公以金,不受,是场以"非敢后也马不进也"命题,马大惭。至今滇之人犹有能道其事者。公夙俭朴,衣履之御,不尚华靡。居乡里,会巨室某张庆贺厅事,中聚一时显宦。公至,径入。候补道欧阳氏见顶戴以为县令耳,趣前叩姓名。公具对,又问宰何

① 1867年。
② 薛桑根:即薛时雨。

邑？曰："某沐天恩，使督学滇中，始归也。"其敦素如此。前往肄业南雍，兴化李审言先生指前顾长洲吴先生曰："此卢先生裔也。详少时尝及见先生。"前每过继圃，肃公遗像，慨修名之未立，恐遗书之就湮，行年三十，百无一成，世变日亟，念李先生言，益不胜堂构之惧已！

四世遗集

仇述庵[①]先生辛亥后于书摊得先高祖光禄公手批《渔洋精华录》一部，藏之鞠讌斋有年矣，日前乃举以授前。犹记先君在日，常命前他日求仇丈录副。丈人高谊，竟还先集，古道可风矣。先太史《石寿山房集》四卷，前已刊成。先祖教谕公文稿因迁出望鹤冈故宅时随藏书俱失，稿未专录，散在书中，不知他日亦有仇丈其人者否？前馨香祝之矣。先君早岁以《春秋百二十国考》受知于可园老人，此稿前未及见；《瀹茗轩遗诗》二卷，恭缮待刊；而他稿亦如先祖之文，杂存故书中，至今尚未录出者，此前之罪也。速录！速录！书以自警。

南高北叶

六七十年前，金陵之设帐授徒者，一时有"南高北叶"之称。高柳溪先生住南城丝市口，先王考尝从游焉。叶字观其，扫碧山房主人也，家在明瓦廊。当时视鼓楼北如僻壤，故已呼明瓦廊为城北。徒之入高、叶之门者，不一岁必可入庠。

① 仇述庵：即仇埰。

众以高、叶无白丁徒，趋而问业者，门庭若市，而高、叶两先生亦必择其可教者而教之。高先生子培鋆，今犹健在；文孙多肄业大学者。而叶先生家势寖微，子孙流落，非乡之人恐亦无复知此两老塾师当日皋比之盛者也。

温明叔寿诞

温明叔（葆深）先生八十览揆之日，左文襄方督两江。文襄，先生之门人也。献卮称庆，文襄躬为主人，清晨造府，司道以次咸集；府州县官，徘徊门前不敢入。阍者以告先生，先生乃招文襄入内堂，笑语文襄曰："吾两人故是师生，可不拘礼；然以督帅故，使吾慢父母官，不可也。"于是，亲至厅事，周旋竟日。

温氏宅第在绫庄巷，先生自书大门联曰："天下翰林皆后辈，朝中宰相两门生。"可知当时门庭之盛矣。

前儿时，尝闻先曾王妣梁大淑人言："城西张氏女不贵其夫，必贵其子。"明叔先生亦张氏婿也。先太史为张氏出，辈次少后；而先生之曾孙妇，则前之姑，今即世已久，于先生之遗闻轶事，不能详已！

老膏黏除

如北平之王麻子、上海之陆稿荐、杭州之张小泉，在南京则有膏药店"老膏黏除"。城南一隅，即有"老膏黏除"数家，曰"真正老膏黏除"，曰"老膏黏除老店"，曰"只此一家，并无子孙在外开设分店"，曰"假冒本号商标者，男盗女娼"，种种市招，不一而足。曾记大功坊之一家，有以龟为招牌者，今不可见矣。又众争证明设店时间之早者，不过表明其资格之深。同时，造神话以辅之。如谓老膏黏除之膏药，非寻常之秘方，乃得自神仙者，亦犹陆稿荐之鸭，传系仙人以稿荐一根置其灶下，故其味特佳耳。自西药输入，膏药之销路大减，所谓“老膏黏除”者，已成历史上之事实矣。

窦氏楹帖

读窦公牧丈所为笔记，曰《老屋闲谈》，首自署曰“古建业坊人”。坊在三山街南，今中华路，下江考棚口也。《闲谈》中所述均系窦氏家事，下卷中尝及丈自撰之楹帖，大门联云：“坊居建业，族衍安丰。”重门联二，一云：“十步有芳草，一枝分桂林。”一云：“义方绵世泽，退让著家风。”书斋联三，一云：“门多班固崔骃客，代有灵椿丹桂人。”一云：“长啸神仙闻裂竹，勋名都尉直宜禾。”一云：“酒谱竹根千日醉，诗编花萼五星联。”屏门联云：“一门才望联珠集，万里军声勒石功。”悉用本姓典实，至为工贴。诚如夏晦老所云，“窦氏之家宝，吾乡之名著”也。

顾五酒量

癸酉之秋，散原丈自匡庐来，都人士宴之秦淮万全[①]酒家。时余止酒已年馀，丈为言金陵旧事，曰：“当时饮者，以

① 万全：即老万全。

顾五为最。”余叩其量。曰:“食必五斤。”丈叹曰:“今不可复得矣!”余曰:“五斤,前固能饮。”丈曰:“试之如何?”坐客咸曰:“一言既出,躬必逮之,无以止酒辞。”于是,余即席饮五斤酒。宴罢,偕梁爰居、黄聆风、李散释游北湖竟日。自此,余遂破酒戒。顾五者,石公先生云也。先生为“石城七子”之一,居龙蟠里,构屋曰“深柳读书堂”,有《盋山诗文录》。余儿时尝及见先生哲嗣贞甫,恨生也晚,不及侍先生尊酒间矣。

近日游故都,见散原丈者。丈每谈及万全宴集,犹称余之能饮。顾医者已屡警告余,终不能止,惟破戒之原,实由于陈丈举顾先生之例也。余学行不逮先生万一,又焉敢以酒量自许?书之,将以为复守酒戒之券耳。

碧瀣翁

晚近词学之盛,启风气者实惟吾乡端木子畴先生(埰)。昔年余在大梁,曾得子畴先生手书《宋词赏心录》,末书“幼霞仁棣清玩”,盖临桂王氏四印斋中物也。先生官中书时,半塘与况夔生从之游,一时作者始知从南渡上窥北宋、由碧山开梦窗之渐。先生最赏中仙,故以“碧瀣”名其词。昨视冬饮师疾,师为言:“《碧瀣词》虽未尽脱碧山面目,然矩步正行,三百年一大作手,不独为吾乡词人之最也。”师往为《赏心录跋》,有云:“光绪丙子,子畴先生自京师归,住余西邻高子安先生家。时余甫六龄,高先生日惟以游园,因令拜谒。见先生长身苍颜如寒松,敬畏之。高先生后亦屡道先生学行本末。及余获读《有不为斋全集》，先生殁京邸久矣。”又云：“先生自壬申奉讳后，作书不用印章。”今余斋中所悬先生书联“布衣蔬食养心骨，奇字高文观古今”，亦无印章，恐亦先生奉讳后作也(《碧瀣词》今见《清名家词》中，开明版)。

马回回酒家

今日来京师观光者，殆无不知南门外之马祥兴者。马氏在报恩寺对门设肆，究始于何时？此有足述者。曰始于明初者，如皋冒翁鹤亭言之也。或以问于胡夏庐丈，丈曰：“肆之初设也，予实书其市招，第不知予果明初人否耳。”余亦尝语诸鹤亭翁：“其地为旧报恩寺址，使明时僧伽不食肉，何以有此肆之设？”翁亦为之抚掌笑。

十六年以前，肆舍狭隘，余辈日往来其间，推牛首翁为祭酒。主人大腹便便，帖复从命，所制庖馔，若美人肝之属，皆盛于此时，而其价特廉，非如今车马盈门之概也。余所为旧曲有云“蹀躞提壶城外马”者，即指此。

雨花台题壁

雨花台侧有泉，许振祎书坡翁句题之，曰“来试人间第二泉”，因俗呼为“第二泉”也。春秋佳日，座客尝满。犹忆甲子四月，踏青过此，见壁间有铅笔题字，为《蝶恋花》一章。全词已不复省记，中有句云：“每到春来，尚有垂垂子。”初以为咏阶前石榴树耳。座中有知其事者，为言三十年前，有当垆人，皓腕如雪，城中年少，咸集是肆，饮者之意故不在茗。

未几，嫁去，则绿叶成阴，子已满枝矣。是词作者必当日座中少年，所以有牧之之叹也。其事绝韵，因相约赋之。余归，谱《北中吕·朝天子》云：

相思莫折枝，说甚么垂垂子。垆边不见俊庞儿，这其间多少风流事。映水螺鬟，当门酒肆，早写下红颜薄命词。此时，发痴，又前度刘郎至。

二北词人见之，以为不让张小山也。或阿其可好，故如是云。

国手报师恩

张简斋先生，今为国医界泰斗。居重庆时，病家以不得先生之诊治为虑。排日挂号，门前车马常满。先生之视达官贵人与贩夫走卒无差等，济贫施药，尤乐善举，人皆称之。先生十三岁就学于江竹溪。竹溪家有店肆，不赖授徒为活；年齿不高，而天性诚挚，从不施夏楚，而诸生敬畏之。一日，偶举“杏苑”二字命对，先生拟稿以进，竹溪为改“椒房”，并告以此语出《汉书》：“马援以椒房不得与。”作文如何用书卷，如何谋篇，言谈娓娓，诲人不倦。诸生自是为文日进。先生曰：“吾十七废学，从先君习医。然江先生之所以授我者，用之数十年不能尽，师恩可念也。故每逢季节，吾必呈束修，至老不衰”云。

千一斋

千一斋者，程丈一夔所自署也。丈少日从先伯祖子鸣[1]先生游，年未冠，成《金陵赋》，一时才名大噪。服官以后，著述不辍，寝馈《文选》尤深，有《选雅》二十卷行世。

民国八年，丈被命甘肃省政务厅长，万里从政，所获珍闻奇迹至多。及至兰州，将途中日记，及陇上见闻、考证编为《游陇丛记》十卷，更有《游陇诗集》。十一年南归，行至黄河边遭盗劫，生平纂述，丧失殆尽，《丛记》与《诗》亦与焉。归乃键户，举所遗佚，渐次嘿写，犕复旧观。

丈于《选雅》外，有《选学管窥》、《文选古字补疏》、《文选校勘记》、《选学源流记》。关于小学者，有《小学说苑》、《广读方言》四卷、《拾遗》一卷、《读方言类聚》、《读方言小记》、《引申义举例》，及《转注续考》、《今方言溯源》与《中西小学邮议》二种，尤多创论。昨哲嗣幼夔见过，谓将刊完《千一斋全书》。若然，其贡献于学术界者，不亦伟乎？往者清悚招至市立第一中学，讲“近代南京学术史略”，言及程丈，惟所举述作不多，兹详陈之。

冶城沧桑

槐影扶疏红纸廊，冶城东畔又沧桑。摩挲石墨人空老，忆到金陵便断肠。

① 即卢金章。

脱略曾非礼数苛，上官有女妒修蛾。濮阳金集儒斋客，那得扬雄手载多。

觥觥含宪出重阍，传命居然奉敕尊。轻薄子云犹并世，可怜不返蜀川魂。

此三诗，先师学制李先生题《匋斋藏石记》诗也。先是，先生以缪艺风（荃孙）介，充江楚编译馆官书局帮总纂，月支官钱，实为端方治私书，所谓《匋斋藏石记》者也。艺风方为匋斋撰《销夏记》，论列书画，不遑兼领总纂事，乃举沈蕙风（周仪）代之。蕙风择拓本无首尾，漫漶而字迹不辨者，一以属先生，先生遂目耗精消于此书，于蕙风不无介意也。及端方再起，以铁路大臣督师入川，行至资州，为民军所杀，故诗有"不返蜀魂"之句，哀端方亦不能忘情于蕙风也。

民国十三四年间，先生膺南雍聘，来京讲学，时时为前言红纸廊，当时文酒之会甚盛。红纸廊者，江楚局故址，在今中央政治学校也。

先生讳详，字审言，江苏兴化人，有《学制斋集》，卒于民国二十年四月，年七十三。前从游已晚，顾先生竺念先谊，每与谈金陵掌故，娓娓穷夜。由今忆到银鱼巷先生寓所，亦令人断肠矣。

景牧年谱

吾乡吴向之先生（廷燮）因受张学良聘，将之奉化。一时报纸喧传，顾于先生履贯颇多舛谬。先生尝有《景牧自订年谱》之作，述纪甚详。哲嗣仲清丈（光浏），前之姨母夫也，曾录示其稿，盖自同治四年[1]讫民国九年，五十六岁以后无续稿。先生今年年七十三，著述等身，备载《景杜堂自著书目》中。兹摘录生平出处，以正报纸之误。

先生父雨生公，历任山西灵石、榆次、广灵知县。母陈太夫人。兄廷锡，字镜之，今寓关中。先生十一岁，始阅《四库全书提要》及《通鉴纲目》。十二岁，知讲掌故。十五岁，捐监。十七岁，著《春秋列卿年表》。十八岁，娶柳夫人。二十岁，丁外艰。二十一岁，初学骈文，撰《越南不可弃议》。二十二岁，柳夫人卒。明年续娶章夫人。二十四岁至二十九岁，成书最多。三十岁，应顺天乡试，中试四十名，时光绪二十年也。明年，由誊录议叙山西通判，遂充抚院文案，专编辑金石文字。三十五岁，署太原府理事通判，秋调署河东监掣同知。后二年，调署太原府同知。卅八岁，以岑西林之保为道员二品衔，署太原知府。四十岁，调入京，留政务处署帮总办，冬兼练兵处差。明年，补警政司郎中。又一年，补巡警部右参议。四十三岁，丁内艰。宣统二年，任度支部参议上行走。三年，补内阁法制院参议，署副使。民国以后，以内府秘书，尝任主计局长。吾乡学人，在今日必首推先生，而海内治史学及西北地理者，亦必奉先生为宗师也。

柳门避酒

往读赵秋聆《香消酒醒曲》，见《止酒》与《破戒》二章，辄

① 1865年。

用自笑，盖止之愈坚而破戒亦愈速，计惟避之之为愈耳。因忆杨柳门《避酒诗》：

平生蕉叶量难酬，豪饮何堪大白浮。杜举甘心辞菊部，董逃掉首去糟邱。一卮才属逡巡起，四座强从汗漫游。我自独醒还独往，世人大半醉乡侯。

两军旗鼓正相当，大户轰然小户亡。入座人争吞北海，逃名我欲傍东墙。雄兵止合退三舍，虚席何妨空一觞。宴罢欲归归不得，森严约法畏刘章。

柳门，初名得春，字师山，上元人。其诗散落咸同兵革中，张冶秋辗转得之，以授丹阳束允泰，乃合金亚匏（和）、蔡子涵（淋）诗，刊为《金陵三家集》，所谓《柳门遗稿》者也。集中《小青曲》叙冯小青事，作长庆体，可媲美于元白。

白酒坊

白酒坊在聚宝门内，濮友松先生居之。以前所见，能酒者盖世无出先生右者。先生自少时以迄八十以后，无日不饮。每餐约四五两，徐徐自斟，人亦不敢强也。先生常云：“或谓酒伤人，我谓酒养人。非酒能伤人，人自伤于酒。非酒能养我，我自养于酒也。”三四十年来，吾师之以酒称雄者，若郑受之丈咸、郑义闾世叔师均，皆能狂饮，饮必醉，醉则益酗于酒。说者谓其能饮数斗，实则非能饮者也。盖自人饮酒、酒饮酒，以至酒饮人，所得于酒者殊少。予生也晚，不及见顾石公先生。然如友松先生者，吾必谓之真能饮酒者矣。惟真能饮酒者，必以酒而寿。昔汪大绅有《酒人记》、《酒人后记》，若予作《酒人新记》者，必首记濮先生。

报恩寺塔

报恩寺塔毁于洪杨之役。予七八岁时，市中尚有《报恩寺琉璃塔图》印行者。去年校曲涵芬楼，得清故宫藏《琉璃塔》戏曲钞本一册，题共四出，今存《起兵》、《烧宫》、《荩谏》三出，盖叙成祖靖难本事。谓成祖兵临浦口，庆成公主往说和，成祖不允。谷王既献城，宫中火起，后死之，而建文披带逃出。成祖入城后，百官迎驾，御史连楹叩马而谏，成祖斩楹于马下。中山王徐辉祖与成祖巷战。以下残阙，尚未及建寺塔事。友人海宁张惠衣近辑《报恩寺志》成，网罗关于《琉璃塔》之文献甚多，亦过寒斋，携此钞本曲文而去。南门外洋炮局门前广场中之大铁炉[①]，相传即寺塔顶也，至今犹存。

刚长居士

客居金陵久者，当无不知魏八先生。魏名家骅，字梅孙，自署刚长居士者也。魏氏世为缎业，曰“魏广兴”。居士以翰林一官云南迤西道；人民国后，佐其师冯蒿庵事江苏赈务，活人无算。南京之有慈善会，自居士始。

居士慈眉善目，须发皓白，予儿时常见之。时尚无子，晚年始得厥嗣，虽极钟爱，而管束特严。居士工楷书，有皇甫碑意，结体方整，颇肖为人。少时肄业尊经，亦先太史门下士，

① 大铁炉：即大报恩寺塔顶覆钵。

又先后官滇南，以是吾两家往来不绝。今吾宁缎业已衰，旧日所谓账房者，渐次零落，惟高冈里之“魏广兴”巍然尚在，亦可谓积善之家有馀庆矣。

王风子

前姑祖丈王虎臣先生治乾，南京人所呼为“王风子”者也。其时有“兰痴王风”之目。兰翁诚书痴，然语王先生为风则不可也。何以故？闻先生之大言而不审其言之由来故。先生少负文名，先太史妻以女，使执贽武昌张廉卿之门，今《碑传集》中尚存少作。顾先生不屑章句，又不欲为文人，独讲求经世之学。当时所谓新学者起，每一新译本出，必购读之。戊戌维新诸君议论，与国父之革命理论，靡不服膺。常曰：“欲中国强，必先富中国；欲中国富，必先去银或金属之币，代之以纸可也！”时人大哗。又曰：“欲中国强，必先讲求火器，刀枪不足为用也。天有天防，水有水防，陆地之武事，特武事之一端耳。”时人又大哗。先生常自习拳艺，能舞刀剑，人有不服其议论，辄眦目举臂向人，益高其议论，曰：“我有飞艇，日绕地球一周，使万国不敢卑视我！”于是众曰：“王某风矣！”时先生自尊为宾师，门前张贴“五洲通儒大学”之榜额，自是南京之人乃无不以先生为风子矣。妻死，子死，一女又死，家益中落，而先生为大言如故。闻者始则避之，既而作隐讥状，闻如不闻，先生亦不顾也。月数至吾家，雅重先君，尤爱护前。前常记先生自书扇端之诗，有云：“一脚踢翻五大洲，两手重搓日月球。尧舜禹汤吓而走，大同世界非成周”云，惜不能举其全篇矣。前常戏语先生：“丈岂王仲瞿一流人物耶？”先生曰：“否，仲瞿何足道哉？小子勿文人为！”见前好诗，曰：“玩物丧志，小子莫事雕虫！”先君之丧，先生之联有“天死地死”语。又常语前：“汝见三十年后世界，当念及我！”

江东二蒋

蒋师轼（幼瞻）、师辙（绍由）兄弟，并有文名，当时称“江东二蒋”。大蒋乙亥举人，早死，有诗集。小蒋以无为州知州终，不独文事，亦一代循良也。冯蒿庵常为《绍由先生传》云：“君幼奇慧，读书目五行下，为文援笔立就，试辄冠其曹。洞天下得失利病之故，耻为无用。数不得志于有司，泊如也。父晚遘风疾，君扶掖左右，数年不宿于内。”“同治癸酉选拔贡生，光绪辛卯顺天乡试副榜，就职州同知，迁知州。之安徽，凡知寿、凤阳、桐城三州县，所至有声。授无为知州，到官甫七月，因死勤事。事下史馆，于是天下识与不识，皆知君为循吏矣。”无为杏花泉，至今有蒋公祠。予少时尝为作《无为州杂剧》。伯伟（汝中）、仲翔（汝正）二丈，皆先生子。幼瞻先生无子，以伯伟丈为嗣。吾友张友鸾母夫人即先生女也。

陈雨三

相传江南乡试，发解者多功名蹭蹬，并联捷者亦不多，自明已然，如唐伯虎其人也。晚清吾乡之解元，如吾友杨定宇尊人炎昌，一解以后，亦不复能上进，顾风流倜傥，流连勾曲，与伯虎同。其时，陈雨三光宇尤为猎艳能手，倚枪替所入挥霍，常在得月台用望远镜瞭望明远楼之题牌，以为传递。其后亦入翰林，而儇薄犹昔，自甘以浪子始，浪子终，不知者几不知其为金马玉堂人物也。前十年，予尚及见其所欢陈大脚者，浮花浪蕊而已，恐尚不及湘绮翁之周妪也。

李三哥

明初，金陵之首富曰沈万三，晚清则李氏也。世为织造，专供奉内廷用者，积资巨万，穷奢极侈，所为有出人意表者。科三太者，其家某名科者之妻死，以珍珠满嵌绣衣入殓。侄辈中有三哥者，尤挥霍无度，常以金箔作风筝，登雨花台颠，向空飞放。风筝愈上，金箔纷纷下。召群妓弛袒衣，但著裙子，争拾取金屑，裙翻妓仰，各尽其态。李三哥在最高处视之大笑。其荒诞有如此者。不数年而家产荡然，李三哥者卒饿死。至今旧家父母训子侄，每引李三哥为戒。世宁有有子侄如李三哥，而其家不败者乎？以李视沈，下场头大不同矣！

朱培生

洪杨盘踞金陵十二年，旧传有“五老七更”之说，梅伯言先生亦天王府座上客也。朱翁培生尝与天国试，中探花。其后官军复城，翁又以诸生与江南乡试，潜以己文付其子联捷。联捷中式，而翁以诸生终。予见翁年已八十馀，着大红鞋，拄一杖，而健步若飞。或叩洪杨时事，翁但摇头。或谓其耳聋，实则耳目甚聪明也。予十三四时，见翁问先太史遗事，翁絮絮为言在至公堂燕游情景，问必有答，又未尝重听。八十后，作楷书蝇头，每有作，署“野人不名”；惜多不存稿，子孙又不珍惜，遂使乡里遗闻日就湮没。联捷今亦七十，闻尚健在。

秦院长晚年

秦伯虞先生际唐，合肥张佩纶之《涧于集》中所谓秦院长者也。先生当日里居，四方来游金陵者，必以一见颜色为幸。《涧于集》所存函札，与先生论文多不合，然先生望重江南，亦一时老宿也。先生老无儿，纳妾生二子，伯甚愚鲁，仲性轶荡，尝任中学英文教员。先生身后，家中落，伯又早死，不知仲今在何所矣。前数年，桑根门人之后裔拟各家立木主以配祀薛庵中，访问秦氏，乃不可踪迹。稻孙陈丈，先生女夫也，将为先生祀之，且云：“人言先生晚年际遇不佳，不图身后之际遇愈益不佳。”可慨也！

王二麻子

南京都城隍，相传为文文山，庙貌在江南威仪最著。大门侧有一龛，所祀为王二麻子。其人者，为江宁府衙役，生时颇有善行，虽在公门而不虐民，扶弱锄强，皂隶中之侠士也。予儿时所闻，泰半遗忘。惟城隍寺僧常云：王二麻子极有灵验，常于深夜出买元宵。亦有贫人患病不得医者，卧龛下，数日即愈。此类神话，不一而足。以一衙役，享邑人香火至今能不绝，其视殁祭于社之乡先生，得人心则一。第恐居位而不能造福桑梓者，视王二麻子而有愧色耳。至都城隍塑像，确肖文山遗容。岂城隍之职，一命不改耶？何数十百年，未尝易其姓字也？

丁二仲金石

都下艺人，旧称张二树画、张祝秋篆法，金石则数丁二仲。二仲亦流寓金陵最久者，篆刻每字五元十元不等，每年收入在三千金以上，当时以为极一时之盛也。丁任职南京电报局，每日从事雕镌，亦日有限制，顾学养稍差，视近日铸印局唐碎石先生，不逮远甚。以写印但据《六通》为典则，书卷气又不足，只觉近意太多，以较二张书画有逊色矣。论画，安品街施次衡先生蔬果，视二树为尤雄。此翁行脚半天下，虽未可与昔日张渔相比，在今日已自难得。若置扬州八怪中，与李复堂最近。二仲之印，则不如吴让之也。

万竹园邓

金陵邓氏世显达，邓廷桢官至两广总督，自后乡人无仕至一品者。相传秦淮河上奎光阁旧为红顶，以城内多火患遂易蓝顶，于是邑人乃无有内跻卿贰、外官督抚者。廷桢字嶰筠，在嘉道间即以词名海内。厥孙季垂（嘉缜），能世其学。季垂从兄嘉纯，又为侯鲭词五家之一。而季垂子孝先七丈（邦述），群碧楼珍本为并世藏家所称。丈少入翰林，娶于蒋，绍由先生女夫也。常官辽沈,归后卜居吴门。其金陵故宅在万竹园,至今犹呼为万竹园邓家。然家已中落,无复当年光景矣。丈长子鲁学(传),任职江苏教育厅,亦劬学能文。

可园乡谥

可园老人百年忌,乡人议谥曰"孝通"。予为作《孝通先生别传》,曰:继篁墩汪氏而起,卓然为江左大师者,曰可园陈先生。先生讳作霖,字雨生,江宁人。可园者,晚年所自署也。年十五,补博士弟子员,肄业尊经、钟山两书院,文名藉甚。光绪乙亥[①]举于乡,三上春官不第,乃绝意进取,慨然有著述之志。先是,绵庄程君折衷汉宋之争,以讲究心性,归诸致用,为吾乡经学之始。咸同间,汪助教承其绪,独邃于礼,偏重考据。先生与助教相抗行,以为程朱之说,终不可废。尝赋诗云:"际兹异学从衡日,共守宗经卫道心。"可知其论学之旨矣。江宁自六朝以来,千五六百年,文物之盛甲东南,既屡更丧乱,荡焉无存。先生旁搜博采,悉为著录,于乡邦文献,厥功伟焉。所著书曰《可园丛书》,都若干种。以庚申正月卒,年八十有四。卒之十七年,门人始私谥曰"孝通先生"。卢前曰:前见孝通先生才丱角时,迨少知学问,已不及亲謦欬。而吾乡论经学,必首数先生,吾先君亦尝受业焉。前生也晚,使得随侍抠衣奉教,则点晳之遗风可继,而此或不仅称其文辞。于戏!岂非前之不幸也哉!

① 1875年。

先昭忠公之死

先昭忠公讳峻，字少棠。年十三入泮。未几，洪杨变起，游聂军门幕福山，时新婚合肥梁氏。梁氏官盐巡道，为淮上名宦家，僚婿多贵公子，公独贫，仆不为礼，公拂袖归。值福山陷，乃蹈海死。无子，以先君为嗣孙。及南京复城，始招魂，为衣冠墓，旨令入祀昭忠祠。先曾王祖妣来归才一年，相处不过八阅月。前依曾王妣膝下十四年，吾家往事，儿时闻之熟矣。公性躁急，瘦弱不胜衣。同怀兄弟五人，乱后惟先太史在，四人者皆死于军中。居望鹤冈故宅时，常搜遗箧，得公手泽，朱墨烂然如新。当时不知珍惜，至今遂无存者。思之悔恨！

两邻寺

予家望鹤冈故宅旁有伏魔庵，外家全福巷有常乐庵。两庵皆小寺，各有僧七八人，有年事长者，有年幼者。予幼时，常入寺与诸僧游，知江南寺僧以泰县人为多，且多少年披剃，以僧为业，非欲穷究竟求解悟者。伏魔庵主持演修，常乐庵主持慧开，予皆见其殉身于色。世俗下流小说多言恶僧窖藏少妇事，颇令人不能置信。然予以两寺之主持观之，天地间定有此事。为僧本要六根清净，而僧人转多不能清净六根，是无大智慧人不能为常人，亦不能为僧人也。人生智慧只此一些，为儒成圣，为释成佛，为道成仙，智慧仍此智慧，人仍此人，儒释道殊无分别耳。

苍厓和尚

八指头陀寄禅之于胡园，曼殊上人苏玄瑛之于祇垣精舍，皆居留南京之近代名僧也。惟苍厓和尚，世知之者少。先是衡阳萧厔泉俊贤，以佐杂候补于是，偶弄笔效三王山水，为湘僧苍厓所见，大加赞赏，乃邀至门西一破寺，与论画法。不十年，厔泉之画遂享大名，溯造诣之自来，始知有苍厓师。于是达官贵人，多愿论交，秦淮画舫中常浼苍厓同游。苍厓间作小幅，不愿以画见长。厔泉事之甚恭谨。其后师亦不知何往。而江南论画师，必数厔泉，惟厔泉称其师苍厓。今厔泉亦垂垂老矣，鬻画海上，寸缣尺素，识者珍之。

王宾鲁琴

汉西门有冢，曰“琴师王宾鲁先生墓”，予儿时读书大石桥，始识之。时有南通沈瀛洲先生教琵琶，宾鲁先生授琴。沈先生有《瀛洲古调》之刻。王先生，山东人，作道装。一时从者，以亡友邵大樗森造诣最深。日在梅庵，焚香弹一曲，弹罢即去。从者有一年、二年习而中止者，惟大樗孜孜不倦，先后习至五六年。大樗耽酒，论诗其工力远过吾辈。教学十年，萧然一身，卒以贫病死。前数年来南京，尝约予一吊王宾鲁先生墓，曰：“惟琴见德。君等但知王先生之琴，不知王先生琴中之意也。吾习琴久，见琴师多，惟王先生为知琴者。”乌乎，大樗死，又孰能知王先生琴中意耶？

程阁老巷

金陵之建筑，修门大约不外八字式、勒马式二种。进门到厅堂，间有旁厅一，曰花厅者。三开间或五开间之正房，前有院落，旁有耳房，进数多少不等。有风火墙，亦有用短墙者。若有园，多在宅后进之后。此种格式，不独与大河以北异，即苏常府属之建筑亦不甚同。相传为前明遗制，故宅愈旧，尺寸愈低，格式愈定。今程阁老巷，程阁老家祥之宅，自晚明至今，三百年中未尝翻造，可以为此式之典型。予数至其宅，见梁上之画，顶板之饰，虽历三百年，日渐尘积，颜色淡脱，然入清以后，无此装修也。宅甚坚固。予常询诸主人，每四五十年始一扫拾。不知治营造学者，亦尝研讨及之未？

津逮楼

板巷甘氏，邦人谓是凤池之裔，《儒林外史》所谓凤老爹者，即指其人。顾自道咸以来，世以儒术著。《建康实录》，甘氏所刊也，《白下琐言》，又为元焕作。谈南京掌故不可不及甘氏。甘氏富收藏曰津逮楼，金石器物最著，不亚于吴门潘文勤祖荫也。惜在晚清毁之一炬，犹牧斋绛云之劫也。甘氏与吾家世为姻好，汝恭表兄处尚藏有先太史遗墨，盖为姊氏《刲臂吁天图》作。汝恭叔父贡三丈，又予之姑丈也。丈之二子浏、涛，均曾从予游。汝恭字寿之，浏字览轩，涛字汉波。汉波之二胡，自十馀岁，有声于乡里。今受中央广播电台聘，司国乐演奏，都之人殆无不知其技者。惜无好事人为甘氏作《津逮楼志》，一述近百年事。

卷二

襄　社

襄社者，七人合组之书会也。年二三集，每集各举所见珍本秘籍，或手稿、传抄、印谱、书画册之属。七人者，前与郦仲廉衡叔兄弟、海门周雁石、南通王觉吾、六合孙雨廷、芜湖束天民。其后吴门贝仲琪请参加，吾侪许之，于是为八人矣。去年所印有散原所藏余怀《东山谈苑》写本册、《陈师曾印谱》四册、前饮虹簃所藏汤雨生《逍遥巾杂剧》。襄社之书，以影印为主。近吴门亦有一书会，每年集印一编，多小种，铅印，与此略异。各地如有同类组织，则故籍流传日多，亦吾人之眼福也。

如　社

南雍有词社曰潜社，集上海者曰沤社，近日又有如社。如社社友除霜厓师外，有陈倦鹤（匪石）、仇述庵（埰）、石弢素（凌汉）、林铁尊（鹍翔）、夏博言（仁溥）、夏枚叔（仁沂）、王东培（孝煃）、汪旭初（东）、廖忏盦（恩焘）、乔大壮（曾劬）、蔡师愚、邵濂、蔡嵩云诸先生，而吾友唐君圭璋与焉，夏蔚如、向仲坚来京则与社集。每集只限调，不限题韵。予居上海，籍列沤社，时疆邨先生已下世，所周旋者夏吷庵、叶遐庵、陈彦通诸公。每月偶返都下，如社中人亦往往招往参加。尝主课一次。大抵如社社课，遇名家自度腔，亦以依四声、用原题、步韵为主，予旧所谓“捆起三道绳来打”是也。独余值课用《高阳台》调，近日亦渐有用小令者。沤社每集两题，一限题一不限题，如社视之尤严。藉此用功则可，若如此锻炼词人则不可，以词人之所以以为词人者，所重在生活，不在此也。

仁厚里

门东仁厚里，吾师王伯沆先生居焉。先生名瀣，一字沆一，晚年号冬饮。先世溧水籍，居金陵已三世。师少有狂名，文字散稿辄弃去，独与吾太姻丈王木斋先生（德楷）善。先生藏书极富，与文芸阁、康南海有往还。每置酒边营宅中，宾客满前，师独嘿然在座，一言出则众悉披靡，木斋先生未尝不敬畏焉。前教授四方，归必谒吾师，师盘问不稍假贷。每谒，必先读书数日以往，否则见师心益兢兢矣。师之游黄门已近六十，常语前曰：“吾见黄先生，如坐春风中，一种霁月光风气象，不图瀣及见于今日。”乌乎，又孰谓吾师狂哉！师自大病以来，前至，必问近读何书？读书有何心得？窃愿吾师早日康复，俾常请益，不独前之私幸已也。

雪　社

近十数年来，国内艺术界风气渐变，仿效海西各国，常有展览会之设。南京自国民政府成立以来，各地艺人时有斯举。于是吾乡人士亦有组织，郦氏兄弟、朱锦江（濬）、李清悚（祖荫）、沈子善（国宝）、施肖丞（则敬）于是立书画社，嘱余名之。余名之曰“雪社”。予不工书，亦不能画，然诸君子坚欲余与，乃试绘折枝梅花、蔬果各一幅，写诗词稿数帧，年前借内桥青年会为第一次展览。吾乡旧日多画师，诸君子皆馀事为此。当雪社始展，清悚复嘱为缘起，乃作北曲一套，叙近百年南都艺林掌故。倘今年重展，成绩必视上次为佳。因自前回展览后，诸君子孟晋不已，展览亦未始无益于艺人也。

胡三怪

翔冬丈以胡三怪之名著于京。丈常云：“父母不以我为子，妻不以我为夫，子不以我为父，此其所以为怪也。”实则一门之内，融融洩洩，未尝如丈所云。然丈每自以为怪，其诗屡言之，如：“无师成好怪，养梦始为诗。”“莫怕胡生怪，诗成应信缘。”“师亡愈好怪，书堆便作墓。”自怪不怪，吾不以丈为怪也。早岁喜住牛首山，题诗曰《牛首集》，予以“牛首翁”称之。近见所定诗稿，仍用《自怡斋诗》名，云：“吾诗止存一百八首。”予问：“何以适存此数？”丈曰：“《水浒》蓼儿洼合天罡地煞，非此数乎？”读者可想见吾师之为人也。为轩渠大笑。又观《戏成》绝句：“短短球衣不着裈，见人凑笑有啼痕。闭门便是蛮夷长，老不称臣今抱孙。”以为最肖丈之神态。

郦仲廉篆书

雪社诸友，于书法，子善之行与仲廉之篆皆积二十年之工力。仲廉名承宪，恂恂儒者，吾师冬饮先生外甥也。始余识仲廉在青年会，仲廉方习英语，余代冯顺伯授课于是。因仲廉又识介弟衡叔（承铨），相交笃厚。仲居牛市，叔居磨盘街，与予之陶家巷，皆为三人居平聚合之所。衡叔才思旷逸，多能艺事；仲廉纯厚谨饬，用力专勤，皆近今都下所能罕见者。仲廉篆书，尤以铁线为工。冬饮先生故以书法著，篆书尤世所珍贵，然仲廉所为，当不让于吾师。予平日少临池，仲廉常规劝之，曰："兄少加以理，必冠侪辈。"见必嘱用力。自惟才弱，又所嗜特广，至今无寸进，愧良友多矣。

多丽舫

潜社之集，为前去南雍前一年事。霜厓师实主之，每月一集，以词课为常，间亦课曲。在万全酒家举行次数最多。或买舟秦淮，其舟曰"多丽舫"。社友既集，择调命题，舟乃荡至复成桥下。戊辰[1]季秋，师归自粤，重集多丽舫，选《商调山坡羊》。师作有云："望江城云山低亚，买吴舣琴尊潇洒。问当年诗人酒朋，算两年中多少悲欢话。"俯仰今昔，意兴索然。然此后多丽舫时有潜社之集。上海光华大学亦常组潜社，时前与霜师同执教其间。师回中央大学，仅举社集一次，

① 1928年。

前代主之，所作常汇刊《小雅》杂志中。而南京潜社则有专刊，都词曲二百馀首。

刘　三

季平先生，上海华泾人。收邹容骨于西牢，一时称为义士。与申叔齐名，浩歌翁诗所谓“大江南北两刘三”也。既易名三，即以江南为字。在华泾筑黄叶楼，与灵素夫人居之，啸歌自若。自北京大学归，在东南大学讲授太史公书。前尝从游。时韩国钧任江苏省长，措施有失察处，先生急以书责之，揭诸报端，为遐迩传诵，而先生悄然引去。十六年以后，任监察委员，住二郎庙，前常往谒。先生无子，自是数纳妾，然卒无嗣。一日，社酒谈艺，谓：“前少时作《信陵君列传书后》，先生一见立署满分，为全班第一。当时尚不识前于畴人中，然由今思之，老眼故不花也！”同座为之大笑不置。

左庵惧内

两江优级师范办史地科甚晚，延仪征刘申叔师培主讲。时刘甫二十馀，日乘绿呢大轿到堂，后有义辫。或谓已拜端方之门，叛同盟而亲满虏，论者丑之，不知此事皆出于其妻何震。申叔素有季常之癖，一切由妻安排，所以然者，非出己意。顾申叔高儒雅望，缘饰经术，当年与卿实、黄节诸公创国学保存会于上海，《国粹学报》几乎人手一编。袁世凯以总统欲称帝，申叔又名列筹安会，作《君政复古论》，世以《剧秦美新》比之，是举亦何氏挟使为之。乌乎！因惧内而身败名裂，申叔不亦大可哀乎！卒不得享其天年，以三十六终。有《左庵集》五卷。

浩歌翁

吴江陈佩忍先生去病，初名庆林，字巢南。前在东南大学，从先生习汉赋。先生短小精悍，为民党健者。往在南海，任中山先生秘书，大学旧有参加革命者，多先生所引导。十六年，国府迁南京，先生任江苏革命博物馆事，居瞻园，日事吟哦，积诗十数卷，曰《浩歌堂集》，非复当年叱咤风云气象矣。先生夙有伯道之悲，六十复喜与少女近，闻锦绷中已得佳儿。在吴江故里，筑浩歌堂亦成。惟不知先生康强尚如昔否？记初见翁时，翁为言与忏慧夫人收秋瑾骨葬之湖上，营秋社事，眼奕奕有神，前与社同学屏息灯下，而先生侃侃谈，声惊屋瓦也。

木印藩司

辛亥之秋，武昌独立，江宁藩司樊增祥携印去，于是以提学使李瑞清摄藩篆。虽曰摄篆，实则临时雕一木印而已。城既破，李公改黄冠，之上海，自是鬻字洋场，以书为活，世无不知有“玉梅花盦道士清”者（一作清道人）。先君亦道人门下士也。民国十年，羽化沪寓。门人迎葬南京门外牛首山，并为筑玉梅花庵。散原丈挽联云：“白下一棺还，入梦演堂，犹泣围城依木印；黄冠九庙鉴，鬻书海市，难忘残夜共烟灰。”道人体硕肥，爱食蟹，一时有李百蟹之号。上海三马路小有天饭馆，每见道人踪迹。或戏撰联曰：“道道非常道，天天小有天。”余肇康有联云：“大噱大笑以大书，副是腰腹；亦官亦儒而亦道，完此发肤。”语亦佳。

强项令

光绪末，闽县李拔可先生宣龚罢桃源县知县还金陵。时樊云门为藩司，乃檄署上元县知县，先生坚辞不受，一时呼为强项令。先生早岁即负诗名，与陈石遗交甚深。其在武昌，旬日必与石游。尝有诗云：“石遗小住藤为屋，无闷一居竹满庭。准拟过江寻一憩，午凉容我作诗□。”“不知鱼鸟归何处，却与蚊蝇共一区。眼底了无芳草色，那能长日闭门书。”论者谓先生最工嗟叹，盖古人所谓凄惋得江山助者。昨冬，雪中独来登钟山，有诗寄余。诗云：“人事由来妨寂寞，只有独游最奇绝。出城不畏打头风，看到钟山雨成雪。钟山屈曲蟠大根，寺陵松阴青无痕。惟馀翁仲如人立，却为梅花守一墩。”先生今年六十有二，余作《寿墨巢六十兼题黄山游草》诗云：“髫岁闻贤宰，相逢已秃翁。消摇全物外，排遣到书丛。馀事诗成史，游踪屐与筇。会心应未远，阅世尽贞松。”墨巢者，先生晚岁所自署，以喜搜集伊墨卿（秉绶）书，又心折郑子尹（珍）《巢经巢集》，故名。

幽默令

两江优级师范英文教习赵某，耶教徒也。日坐包车过北门桥，必遇一老叟鹄立以待，赵予钱则去，否则尾之行不已。一日,赵怒,不予以钱。叟拦其车,赵乃送叟至上元县。知县某坐堂,讯叟,曰:“彼,我之子也,不予我钱,我无以为活。”问之赵,赵曰:“彼诚我父,然于我无恩。请问其阻碍交通罪可耳?”知县曰:“然,应杖!且杖其股,非是股之助虐,何以生逆子!”赵大愧。知县立令迎养此叟归家。此知县可谓幽默之至,惜已不详其姓名。

桂伯华

欧阳大师近录所为联语之属为《竟无小品》,中挽桂伯华云:“奇峰云拥,苦海澜翻,三千界浩浩无边,公自独来独往;深柳风微,柴桑月落,十二部沉沉未展,我惟如醉如醒。”注云:伯华幼慧,其德化先辈蔡冬孙教之而字以女。女未归短折,伯华感知遇,终身不娶。移居南昌,仗书院膏火活一家生命。戊戌变政事败,株治康党,伯华感人情冷暖,成败无常,遂学佛于金陵。于时学风简陋,斥佛异端,伯华晓音瘏如常,不轻不避辱詈。洪贞一儒者戒予(予者大师自称):“如延伯华来,当撕其扇,吐其面。”伯华至,蜂辩竟日,贞一竟屈服。予时治阳明学,伯华不能屈,然强聒不舍,导拜杨门,竟为之转移。其妹圆成归正刚,夫妇居室不苟,如迦叶金色女故事。伯华乃挟圆成东渡,又奉太夫人以东。事蓄仗留学官费如南昌时,母妹楼居,自居楼下三铺席,饮食睡眠,读书会客,咸在于是。如是者八年。太夫人六十,伯华亦病死。病革,予命陈铭枢东渡省之。昏至,伯华跃然起坐,为饭一盂,娓娓达中夜。谓当回国。先住宁半年,养病研教,然后垦植东北，弘化蒙藏也。乃东方乍白，邻火焚庐，铭枢负之避，惊魂乍定而卒。圆成以两棺运沪，沪友会而哀之。

章　梓

吾乡革命先烈，首推章木良先生梓，言国民党党史者不可不知其人。先生姓王，以革命故，改从外家姓。肄业陆师学堂矿路班，称高才生。癸丑[1]南京光复，多出其谋。其尤资谈助者，为江苏独立时事。先是，先生代表党人赴苏垣与程雪楼（德全）接洽反正。雪楼已许之，然犹疑不敢遽发。先生孑身入抚台衙门，请于雪楼曰："君若参加革命即请剪君之辫；君若效忠清廷，请即杀吾之头。辫乎？头乎？一言立决！"雪楼曰："辫！"随入室。先生候于厅，未几雪楼持辫出，而旗白张于苏州城上矣。时人为之语曰："章木良坐索程君辫。"非辫之足索，借辫以觇其志耳。此诚革命佳话也。

南武山人谒孝陵

近日检书，得《岭云海日楼诗》于敝笥中，南武山人作也。山人邱姓，名逢甲，字沧海。此集其弟辑辅所编。父潜斋先生能诗，山人诗学乃出自庭训。特资质颖异，八岁即能诗，读作日不辍，积各体诗达数万首，甲午之役，与台湾俱亡。此集则自乙未[2]内渡，迄南京临时政府成立时，亦有千

① 1913年。
② 1895年。

馀首,编为十二卷。往余尝以山人与郑霁亦合为《台湾两遗民诗论》。顾山人丰功伟烈,诗其馀事耳。台湾建国既败,飘泊岭南十馀年,卒见民国缔造,所抱之志已遂矣。其《谒明孝陵诗》云:(一)郁郁钟山紫碧霄,中华民族此重兴。江山一统都新宅,大纛鸣笳谒孝陵。(二)如君早解共和义,五百年来国尚存。万世从今真一系,炎黄华胄主中原。(三)将军北伐逐胡儿,并告徐常地下知。破帽残衫遗老在,喜教重见汉威仪。(四)汉兵到处虏如崩,万马黄河晓蹴冰。直扫幽燕捣辽沈,昌平再告十三陵。慷慨激昂,如见其人。此诗可以补入吾友王觉吾《明孝陵志》,故录之。

被盗之夕

壬子[1],予家避居上海,腊月始归。一夕,闻叩门声急,有自称查军火者至。予从梦中惊醒,见予父单衣立室中,辫兵十七八人,荷枪仗刃,翻箱倒箧,影憧憧往来。予恐甚,瞥见对面枕边有小皮箱一,急以足钩之,纳棉被中。一兵揭帐,曰:“干吗?”予翻身佯作醒状。众乃呼啸而去。宅有上房二进,洗劫一空,惟曾祖母室幸免。既去,对大门放空枪一排。次日,家中几无以为食,幸予所藏皮箱,尚存数十金,得度日。旋又避地苏州。时予年七岁也。明年,吾家被抢二十馀次,所有暗屋、书房亦遭劫掠。南京常为用兵地,破家者不止吾家。然南城旧室,被祸惨烈者,当以吾家为最。幸人口

① 1912年。

尚安，未遭杀戮耳。

固始令

袁竺庵翁，前姨丈筠孙先生之尊人，而予妻之外祖父也。清末，知河南固始县，德配罗，贤而能。武昌既举义，豫中志士纷然起，南阳各县告警，传言将劫狱也。翁日着官服坐堂上，计无所出，将以殉。罗夫人急为布署，督狱丁，置白旗，送眷属之汉口。时予妻在襁褓，外姑方归宁固始也。两日之间，从容镇定，守常待变，卒无事。论者媲于沈文肃夫人在广信府也。夫人今已八十馀，健在。前往洋珠巷问候起居，闻夫人谈晚清掌故，醰醰有馀味焉。

散原迷路

中国铁路之最短者，莫若南京之宁省铁路，盖宣统三年[①]，为南洋劝业会而筑者。最初仅有自中正街至三牌楼一段。陈伯严丈之散原精舍，在中正街，即今交通旅馆。一日，丈独出游。归乘车，车夫问地名，茫然莫知所答，但挥手令前进，穿街入巷，行既远矣。车夫复以地名问，丈窘甚，忽忆日夜闻火车声，居所近有火车站，乃语车夫，而所行适背道驰，于是车夫转北行，始得抵家。家人正四出寻觅，亦有立门前鹄候者。使门前无人，丈亦未必知此即家也。

① 1911年。

诗人之梦

李志颐走示其先人暾庐先生遗稿，中述梦境者二，一云：“余年二十时，梦身为黄冠，入山谒师，得二童子前导，见师于方庭，问余一事，余不能答，汗下而醒。时余尚不甚信三世之说也，后以告杨仁山师，师云：‘由外道皈依佛法，实今生幸事。’余生平多异梦，未有如是之了了足记者，附注如此，以证前因。诗曰：‘阅境官为祟，耽禅佛有缘。聚书多宿债，避世趁华年。学在凡夫位，来从外道天。百忧堕地始，试想未生前。’”一云：“夜梦异人弹琴，旁有歌者，与弦琴相应，凄婉感人。余偕众环听，悲从中来，长叹而醒。惜歌辞不能全记，惟‘二百年来多好春’之句，琅琅在耳，涉想无端，不解所谓，因续成二绝以记之：‘二百年来多好春，梦中歌泣两无因。嫣红姹紫匆匆过，留得庐山面目真。二百年来多好春，江山依旧管弦新。杨花终是无情物，处处随风逐路人。’”先生名世由，号典孙，湖南宝庆人，精深内典，兼工诗赋，黄晦闻谓其诗似遗山，樊山翁谓有渔洋风韵。他日当为谋剞劂，以广流传。

饮真填词

江都梁公约先生，久游江苏省长幕府，侨寓金陵数十年。金陵士夫之家，无不有先生之画悬壁间。以是求者踵接于门，先生亦无不应。吾友郦衡叔为先生高弟。衡叔工山水，而先生喜为花卉。先生既殁，李墨巢尝为辑印画册。平生所为诗曰《端虚堂集》者，已刊之《学衡》杂志。独其词不传。独忆十二三年前，余持素方纸一，乞先生书。时余方耽于词，先生乃为写《永遇乐》一阕，俪青传略题解也。词曰：

凉梦零烟，瘦魂怯月，无边凄楚。香定灯斜，钗松裙辫，曾款莲花步。青溪照影，玉容旋暗，春色年年无主。幸芳华犹馀遗迹，文波荡尽愁绪。　　江风损鬓，旅程憔悴，恋恋慈姑心苦。啼彻鹃红，相携慰问，无限伤心语。图纪双红，祀怜月上，一例词人泪雨。最怆恻阿侯娇小，问阿娘何许？

俊逸如其画，下有“饮真填词”白文小印。

世　医

南京名世医，随翰英丈为随仲卿翁幼子。仲卿翁父鸿谟先生以小儿科名。濮青宇，则名喉科医生濮仲卿先生长君也。先生世父际堂从兄凤笙亦以喉齿科名。父子同时行道者，有张仲梁、友之。其最著者，则鞍辔坊张简斋丈。丈之尊人厚之先生亦名医也。丈与先君同年入泮，明敏歧嶷，早承家学，临诊多，又细心，于是享盛名三十馀年矣。京中流寓，当无不知丈者，或不知其为世医之一耳。此外估衣廊谌氏六世为喉医专家。江苏之医以武进孟河为多，与吾京习医之法略异。京中世医无不为儒，必先读书、应考。孟河则多为医学医者。近年国医之子多习西医，风气亦稍稍变矣。

北　局

近日盂兰会盛行于城南，作佛事道场者固多。亦有唱北局者，十馀年来无此风光。犹记儿时在黑廊听北局，街头置一长几，燃香烛，围坐七八人，一人唱则其他六七弄乐器，计铙钹一，胡琴、月琴、三弦各一，馀则箫笙之属。所唱虽多小曲，然与昆曲或扬州调异，惜当时未能笔之于纸。何以名北局，至今不知故。自平剧南来，清唱梆子腔亦渐少。代北局、代清唱梆子腔而起者，则近日秦淮飞龙、麟凤诸歌肆，恐并北局之名，京人士亦久忘之矣！

侯莘生吃鸭

冬饮师谈，里中食量之大，无出侯六先生右者。侯字莘生，行六。其兄五先生为先君之业师，于文最推崇恽敬，言必称“子居”，予少时常亲炙其侧。六先生之食鸭也，以箸着鸭背，稍一掀举，则全鸭之皮揭矣。再举箸则尽其脯，次臀，次项，不费事而举一鸭。或问：“先生能尽几鸭者？”先生亦不自知其量也。时人比诸李百蟹，然清道人食蟹只取蟹黄，六先生之于鸭无所择焉。六先生于吾外家为姻娅，里中有大事，时相遇筵席上，身伟岸，目稍近视。今殁已十馀年矣。

昇平茶园

南京之有戏院，当以彩霞街昇平茶园始。昇平茶园建筑无异寻常茶馆，门为木栅。看客所坐池子为长木椅，椅后有木板一条，可以置茶具。惟第一排有桌，亦置茶果盘，所以招待贵宾也。海报书演员姓名，黑底描金，纸用红色，为今日戏报之滥觞。时光绪末叶，余尚在童稚，曾随祖父往观，记忆模糊亦不识何时关闭，惟记在昇平观剧后，曾在大中桥下韬园看电影一次。民国以后，内桥下府东街有大舞台，台上有铁杆，所来表演者有“天下第一怪”等，则非复当年昇平茶园光景矣。

三泉楼饼

南京晨餐，以干丝烧饼著。干丝最著者为南门口清和园，主人为一僧人。僧死，屋圮，清和园之名久已为京人所遗忘矣，独门西三泉楼烧饼犹在。三泉楼在殷高巷，无论“草鞋底”、“蟹壳黄”、“朝笏板”均佳。“草鞋底”等，皆象饼之形而名，味香且酥，如以清和园干丝下之，可谓双绝。近年，小笼包饺盛行，干丝亦多以鸡丝、火腿、烧鸭、肴肉等煮之，味极浓，油腻厚而不耐细味。于饮食一道亦可觇世风矣。后起若奇芳阁、奎光阁之烧饼，与三泉楼制者其形相似，然味究不同。

顾无为文明戏

继内桥而起者，大中桥亦有戏园，民国初年，专演文明戏于是。文明戏即话剧之前身也。班主为顾无为，其妻曰林如心，又有名悲旦曰史海啸，泼辣旦曰李悲世，滑稽角有倪明星、赵笑佛，诸人姓名在二十馀年前最熟于京人之口，所演剧如《拿破仑》、《西太后》等，最脍炙人口。其含有地方性者，如《王二麻子》，演南京都城隍庙所塑泥像，前清江宁县皂役王二故事者也。文明戏大都以情节预分幕数，无一定之台词。顾无为口齿甚清，仪表亦佳，当时所谓正生，大江南北无出其右者。林如心极娇小，虽时年已三十，演十五六女儿，体态盈盈，风流婀娜，颇为观众所赏。

扫叶楼

清凉山下扫叶楼，余儿时常往游。楼中悬龚半千画像，壁间题诗，张贴两傍。住持僧亦解风雅，今已不复记其名号矣。自余奔走四方，年时归来，偶一登临。癸酉[①]重九，尝禊集于此。时散原翁自庐山至，一时称为盛会。惟叶遐庵[②]来金陵，从不登此楼，以楼名扫叶，遐庵讳。光绪间，龙阳易实甫丈有题壁之作。后三十年，君左从贺香岩军，驻节南城，以暇日来游，见先人手泽，敬次韵和，僧乃以纱笼之，所谓“扫叶楼成父子楼”者也。战前，住持曾写题诗为一集，曰《扫叶楼集》，刊行问世。八年丧乱，不知楼无恙否？余两去来，尚未及一访斯胜。

赶黑市

南京有黑市，在评事街北笪桥市一带，多为地摊，尢论衣服、日常用具、书籍悉备。其为市也，在午夜以后，故曰黑市。黑市之货物，来源多不明，多有窃盗来此，转相购受，而以黑市为脱销之所。被窃之家，欲寻原物，必赶黑市。此市

① 1933年。
② 叶遐庵：即叶恭绰。

在二十年前公然设立，余仅往观一次。荧荧灯火，切切私语，此中光景，犹在心目。此黑市固真市集，非如今之黑市，遍布国内，谓之有市，而无市；谓之无市，而黑市固存于眼前，此新旧黑市之大别也。又今之黑市行于光天化日之下，不必待夜午为之。无市不黑，故黑市之制不得不废。

翠微亭

清凉山上翠微亭，南唐后主避暑宫在焉。亭久荒圮，余儿时往游，尚存亭基，其后并石础而亡之，其址殆已不可踪迹矣。余尝谓有宋一代之文物，所得于李氏者为十国冠，即澄心堂纸、李廷珪墨，亦前此所无，后来所不能及。璟、煜两主，同为词皇，为百代词人之祖，似应就翠微亭原址筑一“词皇阁”，其下为江南词人祠堂以祀词客，持较西湖茭芦庵两浙词人祠堂，当无逊色。后主画像，南薰殿本当有存者，阁中应摹刻上石。二主词可据谭尔进、侯文灿诸本校订，亦精写一通，镌悬阁壁。余怀此想已久，不知何日始可偿夙愿也。

娱生轩

晚近藏书之富，当推娱生轩。娱生轩者，乡前辈王木斋先生书室名也，宅在门东边营。王氏与余为姻亲，儿时随侍曾祖母常至其家，时木斋先生犹在中年也。先生晚病废，书渐散佚，并所为诗词亦杂乱书中。民国二十五年，余请于冬饮师为整齐付刊，盖去先生下世才五年，家嗣伯举丈加印百数十部，分贻亲友。晚清名宿如南海康有为、萍乡文廷式、番禺梁鼎芬与先生为友，诸公至金陵，往往下榻娱生轩。今娱生轩尚在，而老辈风流，不可复见，不独插架万卷散落人间，为之叹惜也。

董莲枝

秦淮歌肆，鼓词盛行为近十年事，众推董莲枝第一。莲枝初来，在奇芳阁演唱最久，而飞龙阁，而麟凤阁，当时赵大玉尚与颉颃。赵工《三国》，董擅《红楼》。其后樊山老人孙楚才作为《剑阁闻铃》等曲，当筵奏雅，耳目一新，大玉视之，黯然无色矣。盖莲枝之喉，珠圆玉喉，善为缠绵宛转之音。予尝咏之云："袅游丝，一声唱出断肠词。"知音者极赏予"袅游丝"三字。又莲枝歌时，必其夫以三弦伴奏，慎重将事，不苟登场，有一段为艺而艺之精神；而听者亦多为艺而来，与捧其他歌女，醉翁意不在酒者不同，宜其享盛名十年于秦淮，而无毁之者，抑难成而可贵已！

康氏父子说书

扬州康国华以说《三国演义》名噪江南北，虽一至金陵，居之未久。近年其子又华来秦淮，予常听其说《水浒》，说武松醉打蒋门神，五日始说完一段。常邀中敏往听，中敏谓其颇有父风，比说敷陈，亦极得法，然视其父犹未能尽除火气也。明末，柳敬亭说书，有《柳下说书》一集，武昌刘禺生藏。其说"争襄阳"，以孟蔡、米，以诗以书，说襄阳究应何属，博引旁征，淋漓尽致。与康氏父子谈汉宋衣冠、人物丰采，同一有趣。然康氏所说必有据，而柳氏则向壁虚造，以情理胜，此说书家之汉学、宋学，又不相侔。

刘宝全与庄景周

嘉庆末，韩小窗以子弟书称于时。有曰《宁武关》，谱周遇吉死事者，尤为东调最。子弟书者，以七字文敷演故事，作于八旗子弟，故名。韩氏先有罗松窗为西调，擅儿女子言，今世所传《鹊桥》、《出塞》皆松窗词也。而慷慨激昂之音，以述忠臣孝子事者，是为东调。歌东西调者伴以鼓，俗乃谓之鼓词。刘宝全者，初习乱弹，与汪桂芬、谭鑫培者游。桂芬晚年齿落，行腔以唇；鑫培则宛转于喉，众竞效之。知皮黄之日以盛也，汪谭必为一世雄，度无以过之，遂取其腔，融于鼓，而其友庄景周为之辞。不十年，世无不知有宝全，独景周无名，于是宝全歌词何从出者，不可考。景周字荫棠，又号耀亭，别署知非子，一作待馀生，江苏武进人，同光间为吏部选司。久沉下僚，郁不得志。既纳交宝全，习梨园场面，笛、唢呐、琵琶、弦子，咸能上手。皮黄生净、昆腔、小曲、莲花落、梅花词，以逮快书、单弦、时调，无不工。故都之有新闻纸，亦自景周始。光绪辛丑[1]，创《京话日报》，所撰《白话聊斋》、《燕市丛谈》、戏评之属，家弦户诵。景周书口语，每制新字曰襻、曰�、曰犄里犄拉，皆状声会义，以立其形。清社既屋，复为《时事白话报》。惟宝全所作，惟《对刀》、《步战》今不传，若《骂

① 1901年。

曹》及《别母乱箭》，所谓二本《宁武关》等，莫不快人耳目，非小窗所能及，故宝全非景周之辞不歌也。景周死，宝全在天津，其家将以赴告，而宝全素车至矣，曰："四十年之交，身后事舍我其谁属？"营其丧而去。景周卒年六十有八。今年[1]六月，宝全南来，遇前于金陵，为言景周生平甚详，请书之。卢前曰："罗韩之视景周，有前贤后生之畏，固矣！微宝全，虽景周奚足贵焉？不知罗韩之世，抑有如宝全其人者耶？乌乎！鼓词，艺耳。然亦知人论世之资也。"乃著于篇，复为词，曰《减字木兰花者》，以贻宝全。词曰："谭喉汪齿，兴亡一部梨园史。白发歌王，为我从头述教坊！　　未惭死友，说到知非才住口。四十年来，谁谓词坛有霸才！"

笛　史

吴下笛工，赵同寿与阿荣同出柯二之门，并擅指法，一时齐名者，惟嘉禾金寿生。寿生吹斗口笛，所谓上三门，吹之有二字诀，曰硬，曰净，视下三门生旦歌者为难。三人习之各数十年，故精其技。今皆垂垂老矣。大江南北，要推海昌许伯遒，或称之曰"笛王"云。往余尝赠以北词《殿前欢》。论其技术，自非笛工之比，然与吴君南青较，恐犹不免瞠乎后也。南青不欲以是名，近日之与金陵曲集者当知之。秦淮旧日胜游，独仇赘叟倡昆腔，每当筵奏曲，必予姑丈甘贡三先生之笛。丈吹笛亦数十年，于南青极推许。盖此事非尽关人

① 1937年。

力，半出于天也。南青今年尚不满三十。

黄状元

南京状元，可得而言者：前明焦弱侯，乾隆间秦大士，光绪中黄慎之思永也。黄既大魁天下，城西乃有黄状元巷。其后以国丧中着吉服为人题主，为御史所参，遂潦倒终身，郁不得志，大有“可怜一曲长生殿，断送功名到白头”之慨。然黄虽修检，文名转在石城七子之下，论学问不如弱侯远矣，是状元可贵而不可贵也。咸丰癸丑[①]，黄氏全家殉难，藁葬顾楼本宅，即今黄状元巷也。慎之则此初殁于上海，无以为殓。陈英士与其长君秀伯善，为经纪其丧。秀伯名中慧，曾游欧美，后十馀年，亦郁郁以死。在苏州，状元第之榜额到处可见，有祖孙同为状头者，有父子弟兄同为状头者。吴谚：“潮到安亭出状元。”意谓易见如安亭之潮，不足异也。江宁府属则迥乎不同矣。

百日省长

郑七丈鸣之（谦）任江苏省长仅百日，宁人呼为百日省长，意带讥讽。丈未至，众佥有所欲，既莅任，又多有求无应，以是不能满人意，此为桑梓长官者之通病。郑幼鞠养于红土桥陈氏，可园老人出也。老人卒，郑挽以联曰：“驱车过西州门，念及昊天罔极之恩，不能自已；读史至亭林传，观其诸甥

① 1853年。

相报之厚,我则何如。”居然以徐健庵兄弟自况。丈为秀才时,颇有声于书院。之粤,之辽,渐为名幕。其长苏政,原非己意,来去匆匆,宜无所展布。百日非长,亦不为短,果能措施得宜,又未尝不可以留甘棠之爱也。郑氏既殁,新城王晋卿先生志墓,称其幕府才,而言不及长江苏事,诚卓然大手,深得史法。

王瑚失带

王铁珊任江苏省长,抵省之日,各官过江迎接于浦口津浦车站。车至,不见王。盖王乘四等车,杂稠人中出站矣。入城后,访警察厅长王桂林,谓腰带一条为贼窃去,请为查缉。警察四出,然后知省长已到,一时盛传失带事。不数日,果寻得此带,实破布一条耳。王好微行,于民间疾苦,尚属关心。见教育厅长,颇加敬礼,视如前代之学政然。至今南京人谈王铁珊,多敷陈如《施公案》。其廉介诚有足取,然亦未能有所建树。在北洋时代,论循吏固当首数此君矣。

量守庐

蕲春黄季刚先生,不独学者,亦擅文词。然赋性奇僻,前不敢与亲近。一日,告其弟子施肖丞,曰:卢某昨日来,执弟子礼甚恭。肖丞疑之,以问前。前曰:“得师如黄先生,前无间言。然前实与先生无一面之雅,亦未尝往请教益也。”先生所居量守庐,在中央大学附近,前之师友鲜有不与先生交厚者。先生之劬学,众口所推,前向往已久,因其《三礼通论》《音略》《声类目》，自是巨制，不幸先生遽归道山，欲见无由。每过成贤街，望量守庐，不禁黯然。不知其遗稿丛残，诸哲嗣能整理问世否？又闻先生亦有《〈文心雕龙〉札记》，想必与学制师所为不同，愿他日得薰沐诵之。

老怀怕对六朝花

秦淮南岸，水榭中有悬一联末云“老怀怕对六朝花”者，石弢素先生居也。先生名凌汉，字云轩，词人，亦名医也。出必乘轿，至病家，处方必用自备之笺纸与墨盒。予常笑之，说：“先生之药方欲病家装裱乎？”先生曰：“示不苟耳。”家藏药书数十箱。近年与先生常晤聚，一日，予问“老怀”联语。先生侃曰：“予自幼好色，不在粉红黛白、蝉鬓燕钗，只征敝席之欢而已。十日不近妇人，吾必病月。“怕对六朝花”者，非怕花之惑我，怕我之不能自禁！君其笑予之老不正经乎？”予为大笑。先生今年亦近七十矣。

蘧　老

吴蘧庵先生名鸣麒，字麟伯，先太史门下士也。与先祖、先君及前有四世之谊。尝官江西彭泽知县，题小孤山屈大夫祠联，有云：“人似小孤孤立，魂从大招招来。”著有诗文集，骈文尤佳。前十七年将应国立中山大学聘之广州，先生有《红冰词序》并以送行。晚年卜居仓门口，与小膺府衡宇相望，宅有园林之胜。一日，馈前蒲桃，附以笺，曰：“此物又名‘细乳’，君当一尝其味。”可见此翁风趣。八十后尚生一子，与前第二女在小学同级，时其长孙年已三十。先生腰脚极健，目近视，谈锋亦健。予友张慧剑少时亦常执贽其门，所知蘧庵遗事当视前为多，愿详述其梗概，一补《金陵通传》也。

胡夏庐仆

夏庐丈有仆曰小徐，极痴憨有趣。一日，车过新桥，车篷为他车戳破，小徐捉之令补。其人狡黠，就原车之帘剪布一方缝缀其上，小徐意甚得，不知挖肉补疮，于是两伤矣。常煮肉一碗，置床橱中，明日肉罄，不知橱后有穴，为鼠所餐也。丈尝令取院中珠兰花一盆移室中，小徐举手提花拔枝而入。丈责之，曰："令我取，未令我捧，此主人之过，事前何不说明也？"丈亦无以自解。所得辄就街头赌牌九，无不负，小徐亦坦然置之。予常至，夏庐丈为言其事，且曰："是真元曲中人物。"予曰："诺。"乃为作北曲曰《正宫·醉太平》者，词云："俺拜的张仙跛驴，俺羡的铁拐葫芦，活人中只认得主人胡。俺没件牵肠挂肚，喜则是一场牌九街头赌，爱则是满锅肥肉床头煮。怪则是桥边汉子忒突鹘，戳破俺车篷怎补！"

汤氏祖孙

汤贞愍贻汾，洪杨入据金陵时殉节于汉西门池中者也。公子雨生，武进人，当时有儒将之目。工绘事，尤以画梅名。尝著《逍遥巾杂剧》，写生平抱负，予为刊入《襄社丛书》中。此本得之公曾孙定之，定之名涤，号双于道人，今日画坛大师也。其作梅花，深得祖法，与溥心畬（儒）齐名，曰南汤北溥。顾定之居旧京久，近年始南归，卜居上海。梅兰芳、程艳秋辈，常从习画。予刻贞愍杂剧后，定之为予作《饮虹簃图》，颇为寒斋生色不少。

鞠讌斋

仇三丈述庵，名埰，字亮卿，赘园老人犹子也。老人讳继恒，字涞之。丈以贡生，游日本，肄业宏文师范，宣统己酉[①]选拔入贡。自民国元年，以迄十六年，任江苏省立第四师范校长，吾友马客谈（登瀛）、丁叔明（显曾）皆其门下。丈藏书至富，郭家巷宅有曰鞠讌斋者，如社常集于此。丈五十以后填词，犹高达夫之于诗也。（昔丹徒赵彦梅六十以后始填词，亦为词坛佳话。）应酬文字，亦不稍苟。送人屏联，必戒乌丝。长子威叔（良虎），前之窗友，又共执教于钟英，早死。幼子良高，丈甚暱爱之。斋中座上客，可常见者，有王东培（孝煃）、夏叔枚（仁沂）诸老，皆如社中人也。

旧时月色

"旧时月色"者，白石词句，陈倦鹤先生取以名其斋。先生名世宜，字小树，号匪石，树之先生子也。树之初无子，晚始得先生。树之授徒里门，名仅亚于高叶，与柳溪先生交尤莫逆，为先生娶于高。柳溪先生之得培鋆丈亦晚，以是高、陈二先生在吾乡世谊中行辈甚老。陈氏自勤斋公后，科第不

① 1909年。

绝，详见郡志、邑志及通传。故宅在明瓦廊。迄咸丰癸丑[①]，合族以居。旁门二，一在欣欣园，一在陆家巷，各就所近出入，如今之甘氏然。洪杨据为廨，同治甲子[②]毁焉。宅中藏书之所，名香月楼，楼下为家塾，故先生借尧章句怀香月楼之旧也。民国初年，在苏州法政学堂教书，奉手疆邨翁，治北宋词，为南社健者。晚近吾乡言词学，当推先生工力为深。二十馀年积词稿数百首，顷始定为《倦鹤先生乐府》二卷。自南洋群岛归，在旧都任农商部秘书久。国府成立，调任实业部参事，以讫今日。所谓"旧时月色斋"者，在南门大街邮局后，与公牧翁居甚近。

青　骨

青骨成神，为蒋子文事。予挽蒋苏庵母夫人，用红雪、青骨二典，皆取蒋氏故实。苏庵淹通文史，精操词翰，见此联后，诧青骨之语，遍检类书未得。一日，予过其居，举以相询，始释然。苏庵常自署乌榜村人，少时得冯蒿庵助校，刊成《金陵丛书》甲乙丙丁四集，皆乡贤遗著，与傅苕生（春官）之《金陵丛刻》专收关于南京掌故书籍，同为瑰宝。惜傅刻种类太少，如前明《帝京风物略》、《金陵琐事》，近人《白下琐言》均未采入。予曾与苏庵相约，广为汇集，重刊《金陵掌故丛编》，倘亦为观光南都者之所需欤？《金陵丛书》乙集，曾因水灾，毁去大半；甲丙丁三集，至今书肆中尚易购得。

---

① 1853年。

② 1864年。

纳　监

偶检旧箧，得光绪二十七年[①]户部执照一纸，盖捐纳监生之凭证也。亟录其式如下："户部为发给执照事。直隶总督李奏'顺直独受兵灾，孑遗实难存活，拟照秦晋捐案，开办实官赈捐，并请颁发空白执照'一摺，于光绪二十七年正月二十七日递回原摺，奉硃批'着照所请。该部知道。钦此。'钦遵在案。今据俊秀某某，系某省某府某县人，捐年若干岁，身中，面白，无须。交正项银一百八两，准报捐十成监生，每银百两，交饭银一两五钱，照费银几钱，于某年月日，在某地照数收讫，给予亲填部照，并填明照报截下送部，以昭核实。须主执照者，曾祖某，祖某，父某。右照给某某收执。"视今日之大学学籍证、缴费单大不同矣。

丁剥皮

向日父兄为子弟求师，欲其严不愿失之宽，于是塾师有严至于"剥皮"称者，门东丁先生其一也。余幼时在家塾，及出门就师，所从若接玉全、刘莲生诸先生，皆不甚严。而予长子侃发蒙，即从丁先生。时先生已老，非复当年矣。据门东人谈，当日先生课弟子，"早大字，背旧书；午小字，读新书"，每日井然分四段落；而"打手心、顶戒方、跪庭前、饿午饭"，其责罚亦有此四类。有玩童日经四罚，而尚不振奋者，

① 1901年。

则先生必斥退之，虽其家奉束修，不受也。在私塾时代，有辞馆之先生，无斥退之学生，而丁先生以斥退为常。故贤父兄乐送其子弟就读，戒子弟惰者，常曰："送丁剥皮去。"其子弟已从丁先生者，则曰："丁先生必斥退汝。"子弟闻之，未有不惧者。

张汶祥刺马案

同光年间，两江总督马新贻之被刺也，清人笔记载之详矣，大都得诸耳食，故传闻异词，且多揣测，不尽可信。其地为江宁府箭道，即今府西街市立第一中学校内也。予儿时所闻，刺客张汶祥所使利器药刀，谓以刀敷药，入人身立死，马被刃，呼"有刺客"三字未毕，即殒。今说部记载，多谓事涉男女暧昧。以予所闻，又攸关秘密会社，非张马之仇，马不过代此中为执行之人耳，其案情所以多年不白，亦以是故，其然，其不然欤？其后张汶祥伏法，用"鱼鳞剐"，所谓寸磔者。有老叟自谓曾亲见之者，不知是否在当时笪桥市刑场，抑仍府箭道中？

薛　庐

汉西门龙蟠里，在乌龙潭侧，有薛庐，为桑根老人筑也。老人全椒薛氏，讳时雨，字慰农，尝任尊经书院山长。先太史，其门下士。老人由宁之杭，继老先生讲者，亦即先太史也。老人去后，江南诸弟子醵金建此，名之曰薛庐，以永去思，并刊《桑根遗爱录》。或云，庐为老人自筑。乌龙潭上，榜曰“何必西湖”，老人所题也。老人逝后，每年正月，门下士诣庐公祭。又老人有《藤香馆集》，诗词都若干首。平生所为联语，亦有《藤香馆小品》之刊。论者谓吾乡学术不振，当归罪于老人，以老人为风流教主，比之随园；所选士亦多名士，而少经世之才。是说也，亦偏见。在曾文公督江南之日，大乱敉平，修文偃武，不如是曷足粉饰江南？桑根非不谙于吏治者，盖有鉴于李次青耳。薛庐今尚在，然废池乔木，触目荒凉，亦非当日矣。

停艇听笛

秦淮河房，北岸者多酒家茶肆。民国初年，以“问柳”、“长松”为著，清真教馆则有“老实兴”，而治西餐有“金陵春”、“第一春”，日将夕必车马喧阗，筝弦不绝。其时，当年所谓歌场，出入酒家者惟钓鱼巷妓耳。十六年，国府建立后，诸酒家先后闭歇，于是“万全”独霸秦淮，四方来此，每聚宴于此。北门桥塊、内桥大桥各有一“万全”，与河房者同称而异主，名酒名肴，亦各有别。此“万全”之酒，以陈年花雕为最，而竹叶青尤清洌；肴则沙锅独胜，如瓢核、冻豆腐之面，皆他家所不能及。

河厅有榜，曰“停艇听笛”，旁悬挂薛慰农山长联，盖洪杨劫后，南京光复，曾涤生繁荣秦淮时之所遗也。每当春夏之交，画舫往来于河，辄系缆厅下，设筵移舟，或登楼唤酒。以是金陵有文酒之会，长以“万全”为社集之所。二十五年秋，闽侯陈石遗老人从海上来，都人士借“万全”称觞为洗尘。主人因原榜年久，字迹渐漫漶，乞老人别书新之，乃易以素纸装裱，配玻璃框，悬于厅中，同人各书近作为屏张四壁。不一年，战争起，老人走死故乡，而当时出纸挥毫之人，出处异塗，亦渐星散矣。

霜厓师序文

甲子之岁，余始治曲，从长洲吴先生游。既三四年，乃专致力于散曲，以杂剧传奇粉墨登场者日以少，场上之书案头置放，转不若散曲之可抒为情性也。盖诗道广而难精，词境狭，已难辟户牖，惟散曲为前人未克之业，且一篇脱手，播诸管乐，亦一乐也。当时同志，惟江都任君二北，共相搜求。二北成《散曲丛刊》，予亦有《饮虹簃丛书》之刻。十年以来，偶有所作小令套数，未尝存稿。今年假暇，缮录成帙，邮呈霜厓师。昨师自吴门寄示序文，其辞奖借，非所敢承。然吾师近作，世必多先睹为快，敬录之：

冀野集旧作北词，剞劂问世，余序之曰：霜斤月斧，意匠自天；镳铲方寸，杼轴在我。今古才彦，举不外斯。若夫兰芍赠答，寄怨灵修；春秋郁伊，独抱孤尚。风诗二白，离骚廿五，词境之正，可示氓庶。至于江山宰裂，风尘澒洞；艰难骨肉，乱离性命。假小侧大侧，托长谣短谣，变徵之声，闻者陨涕。嗟乎！寝馈昔贤，枕葄载籍，一字未安，万金可斥。吾与冀野，彼此同符，固无俟称道焉。太室山麓，云有谟觞；名山之藏，庶几百世。此集之行，吾深惜其非时矣。

酒人林损

近日乡下酒人,以予所见,推公铎先生第一。先生瑞安人,浙儒陈介石弟子。在北京大学与胡适之诸君龃龉排抵者十馀年,二十三年秋始南来。予于霜厓师座中遇之,奕神飘髯,口讲指画。一日听论杜诗,确有见地。以为先生必五十许人,闻霜厓师云,今年才四十五。师赠诗有云:“再待五年君五十,朱颜绿鬓更风流。”予未尝与先生共席,不知其酒量,但见其眼鼻均中酒气,意必无餐不饮者。霜厓师近日喉已失音,而酒犹未尽断;牛首翁亦因酒致疾,安得如白酒坊濮翁年八十犹能狂饮也!

诗　牌

予在大梁,得见临桂王氏所藏诗牌一副,即庚子秋居旧京,与古微先生等联吟之具也。南归以语二北,二北以为可自制,乃相与分名词、动词、形容词、助词四类,据前人诗中所习用之字,制以纸片,得一百三十六字,字各一叶。斗时各取十三叶,第一家得十四叶,为七言二句。取叶之法,与世俗云马吊略同。行之三四年,得句不少,二北常录为一编。终以限制太严,有可以成五言二句,亦有长短之好句,均不能成局。予乃增益字数,效王氏旧式,以象牙雕刊,以四人为一局,人各得二十八字,能成七绝一首固佳,五言绝或小令均可,成局复注明去字若干,以资识别。前数年都下某报,尝有长文记之。此牌现尚存寒斋,近二年来,予亦未得更谋改进。

难忘之一日

民国十六年春,予任教钟英中学。时,国民革命军已北伐至江西,学校经费支绌,每人月支三十元赡家用。三月二十三日,予自学校归,满街奉军,商家多闭门。内桥以南,顿成恐怖世界。傍晚,予登楼望南门外,火光与炮声并起,竟夕不能成寐。尝戏语妻曰:“攻城如临盆,吾但望早分娩,无论男女也。”母息灯坐楼下,闻炮声急,紧呼予辈下楼。值流弹掠空而过,众为色变。天既明,炮声忽停。予欲外出探问,母止之。未几闻街上歌声雷动,曰:“革命军入城矣!”予乃拔关而出。至膺府街口,果见大队循序而进。自是市中一切如常,惟学校停课数日而已。是日,为三月二十四日。由今思之,且二十年矣,而是日情景,历历如在目前。

陋巷诗

革命军初底定江南,时余伏处陋巷,一二故旧,偶然见遇。余为赋《陋巷诗》,示长沙田君寿昌。诗凡四章:

陋巷虫鱼老,故人岸岸至。蹋踯城东隅,谩诉心头事。

寿昌蹭蹬人,鱁魅抟以去。命达无文章,何怨天相妒。

我有遣愁术,拨灯人对酒。说梦如浮生,一醉复何有。

负手殊自得,山花红照路。同林鸟尽飞,莫向斜阳数。

是牢落之情可想见也。然余自是出游,十年鲜安居之暇,朋从之聚日少。顾旧友以政党纷歧,多亡命者。当时有《闻沫若至兼怀慕韩》之作:

群盗横刀跃马日，东海飘零几少年。仿吾（成灏）狷与达夫（郁文）狂，就中郭子何翩翩。美丽（上海酒家）之夜送梁大（实秋），旧雨新欢杂管弦。年年事事压枕梦，过眼烟云散杯筵。静安寺畔遇慕韩（曾琦），文采风流亦斐然。寿昌（田汉）招我我未至，寤寐于今见数子。来往黄浦江上风，爱牟独有裴伦志。环龙路口故人居，儿啼索饭囊如水。奋袂长征岭之南，一日声名噪鹊起。愚公载笔醒狮歌，狮不醒兮徒奈何。东山同洒苍生泪，攘臂胡为意气多。不见中原春色好，闻鸡共舞鲁阳戈。黑头袖手神州客，危涕携将竟日哦。

此诗未存稿，偶从旧书中检得之，不觉其为十数年事矣。近乃辕辙同途，齐驱前进，余虽抱书陋巷，媚古降心，又安得不喜重见今日之盛也。

王　梁

在昔官吏僚为三事，政在吏手，主之者官，而僚居幕府，画策而已。谈咸同中兴，诸达官颇多起自僚幕者。今五院分立，以予所知，前立法院秘书长梁寒操、前监察院秘书长王陆一，皆此中佼佼者也。陆一初居饮虹园，与予居咫尺，而未尝往还，然王七（说者省陆一二数为七）之名，闻之熟矣。近日于髯许识之，且相酬答。寒操字均默，闻亦久执教于学校者，短小精悍，颇似遐庵，与予亦有数面之雅。王善诙谐，梁甚沉默如其字。两人有狂狷不同，同能文，同有政事才，似较但能蹴踘、演拳、粉墨以登场者，高出多矣。

小四魂

四魂云者，谓龙汤易实父丈顺鼎也。有集以“四魂”名，故云。丈以光绪丁丑[①]中式举人，时年十七，应试北上，取道江南。冬日，骑一卫冒大雪入南京城，遍访六朝及前明遗迹，一日中成《金陵杂感诗》七律二十首，如“地下女郎多艳鬼，江南天子半才人”，“淘残旧院如脂水，住惯降王没骨山”，“如此江山奈何帝，误人家国宁馨儿”，“衰柳绿连三妹水，冰枫红替六朝花”，皆警句也。其后五十一年，哲嗣君左从贺耀祖军入南京，过扫叶楼见丈旧题诗，乃敬和之，曰：

扫叶楼成父子楼，题诗各得五千秋。旧时同伴裘兼马，近日文章弈与猴。古寺清凉容破衲，名园冷落剩荒丘。愿天早遂山林想，春风秋月总并头。

君左尝自署“小四魂”，石遗翁亦谓其诗宛然实父丈口吻也。其《秦淮曲》云：

金陵女儿颜如玉，家在江南清溪曲。桃叶桃根旧有名，至今隐约遗芳躅。杨柳依依傍酒家，吴姬纤手拨琵琶。琵琶凄切如哀诉，千古吴宫葬落花。落花片片随风起，云鬓金钗久如此。燕子飞过朱雀桥，佳人尚傍秦淮水。秦淮水涨细如鳞，七月繁花软似茵。月白风清如此夜，桨声灯影一家人。十年宿愿今宵了，姊妹双双花样好。况携爱女与佳儿，人世何从有烦恼。小舟泊向花之阴，夜深无奈漏沉沉。玉

① 1877年。

箫吹彻潇湘月，四海悠悠一片心。繁华事散空延伫，云外朱楼在何许？杜牧扬州绝可怜，石崇金谷园无主。等闲辜负好时光，五岳寻山一楚狂。去年今日囚乡里，今岁今宵滞建康。临风洒遍凄清泪，飘零家国何须讳。怨女思投燕子矶，才人羞堕莺花队。此河自古号风流，别有名湖字莫愁。淡淡眉痕如画稿，一般颜色不宜秋。秋来到处招魂地，鲤鱼吹浪无时息。狂歌斫地忆王郎，痛哭陈词哀贾谊。吁嗟乎！六朝遗事剩秦淮，话到秦淮事最哀。金粉香销明月缺，玉楼歌罢美人埋。

翟神父

碑亭巷，在今国府路口，有震旦大学分校。十二三年间，常见一峨冠博带、黑袍而长须之法国人，是翟光朝神父也。翟神父精通拉丁文，尝执教前东南大学，按时到校，言笑不苟，望之道貌俨然。惟据与之谂熟者云：此翁极有风趣，亦谙华语，且嗜葡萄酒。十三年三月，国军入城时，有乱徒欲劫其手表，神父坚不与，遂被枪杀，横尸碑亭巷口，次日始得殓葬。吾友厉小通尝从之游，为语其死状极惨。虽已事逾十年，每一念及，此翁风度犹在予心目中也。

马林牧师

外籍传教士来南京者不乏其人。民国以来，居南京最久者，当算马林若。马林操极纯熟之南京土话。一日，有集会在公共场所举行，马林至，登坛演说，有“大家要作大丈夫，莫作大豆腐”语，四座哄然大笑。鼓楼医院，旧日称马林医院，以马亦医生，而新式诊疗，自鼓楼始，马氏实之。或以人名，或以地名，此医院亦南京西医创始之纪念医院也。门东陶巽人先生从马氏亦久，或谓将重译《新约全书》，其后亦未见成书。十六年后，久不见马林踪迹于南京市上，归国欤？抑已逝世？愿知者有以语我。

编　后

右卢参政冀野先生《冶城话旧》，七年前刊于《南京人报》，中多关系民国前后掌故，匪独南京之乡谈也。抗战以还，先生代表京市，出席国民参政会，无届不与。东望乡关，常萦梦寐，酒边闲话，偶及此稿。予为觅得，乃请整理，印单本，想日下流人，争先快睹，当不独金陵之人士为然。

自勤附记　卅三年四月九日于重庆

附：续冶城话旧[1]

董先儿

吾金陵人呼所尊礼者曰先生，意存狎玩则略生字，而以先儿二音併呼之。董先儿者，乡前辈董效曾之裔也。先儿无恒业，在秦淮河上说书以自活。于时孔庙前有广场，董先儿之书场亦在是。其最擅长者有三：一曰刺马，即以张汶祥戟马新贻为题材，本地风光，言之如曾目睹：五步之内，血溅上衣，单刀欲下，闻者无不动容；一曰道光年间金陵大水，从侵占河的说起，述淮流汹涌之势；全城内富家妇女，皆还乡间，乡民苛勒之状；类似时事评语，而所说见闻，鲜不可惊、可诧、可笑；一曰沈香街，演项子京焚香床事，说时辄指秦

---

① 卢前一九三七年写的《冶城话旧》，当时获得社会好评。卢前也曾说过“……使他日重归，更续此作，则所可记者，奚啻千百？”可见卢前也曾有续作的想法。可是后来极忙，他未能再写了。到了一九四九年下半年，卢前不再在大学任教，得以有时间，为当时南京与上海诸小报，重新写作。据现在找到的，主要是在上海《大报》、《亦报》发表的大量小品文及章回小说，以及为南京的《新民报》写的不少散文“金陵风物”，而其中居然还有若干“续冶城话旧”。因这一部份，不仅文体、内容与与以往“冶城话旧”相似，且名称也相同。故借此次重新出版之机，将其中找到的这七则“续冶城话旧”，作为《冶城话旧》的附录，以求其著作的完整。内中若干文句，虽有阙佚，但似还能阅读之，待以后有机会再行补正之。特此说明。在报纸发表时，作者皆署名“饮虹”。

淮水曰:“诸君知河水何若是之臭乎?以其中焚沈香太多故耳!”闻者大譁笑。顾当时多揶揄董先儿者。恨董先儿不生于今日,不然亦一卓有成绩之民间艺人也。

1949/11/07

小心桥老屋

门东小心桥有老屋一间,蛛网封尘者有年矣。不知为谁氏居。光绪末,尝有启门检视之者,则室中之所陈列,皆太平军时物;床头尚悬有天国皇历,急掩户而去!自是益无敢问者。入民国后,门锁如故。丁丑倭劫,未知此老屋今尚存否?

1949/12/04

天王府旧宫人

予肄业南雍时,有人于北极阁下逢一老妪,自云年已近百,为三湘人,寓金陵已久。其人疑之,妪则延客至家,与谈天国事,曰:老妪实天王府旧宫人!予闻之,与同学少年亦尝往访妪,一伛偻贫妇耳,所询多不能答,忘之欤,抑妄言耶?

1949/12/04

英威街

南京街道名可议者甚多,如中正路[1]之得名,由于蒋中正,改之……可也!中正街[2]在乾嘉时即……比……与中正

① 中正路即今南京市中山南路北段,开辟于20世纪30年代初。
② 中正街为南京市古街,清代《同治上江两县志》即有关于“中正街”的记载。

路不同，今已改为白下路，故无改之必要，而英威街为纪念李纯命者，还无人指出。李纯之死，相传为齐燮元所杀，燮元内不自安，号秀山公园，立纯铜像，又纯为“英威上将军”，是街名之由来，此街之名永存，是例写于北洋军阀，抑可异已！

1949/12/25

傅义和

傅义和绸庄，在中华门沙湾口，创者傅尧臣，傅丘平之祖父也。丘平父达齐七十，请余为序，为述家世，始知其为太平大将之裔也。傅氏原江西，迁汉阳。金田起义，尧臣年尚幼，所耕田地为豪强侵占，乃复率乡人子弟，投石达开部。积功洊升为百夫长。随大军入天京，以殊勋调大将，充天王待卫。清军围城，归于李秀成麾下，统三千人。天京陷，藏民间得免，乃设绸庄于南城，曰傅义和。居平未尝一言及天京事。既疾深，始语妇金曰：等帝未论，吾生之耻！后此三十年当有续天国起者。吾有三子，伯勿读书，仲可贾，叔使习戎旅，俾为世用。还吾志，仕清者，非吾子！”殁时年不过中寿。吾金陵人为天京后如傅尧臣者，当不乏人，然又安得子孙尽若丘平，一白其事耶！

1950/01/15

金马鞍

小门口王豆腐家，南京土人所谂知者。其致富在清已灭亡之后。相传其人，一夜起小溲，忽见有马成群，冉冉至楼梯下没，以为眼昏所观而幻像。明夜，又起，至时复见群马，仍行在楼梯下而灭。是夜有梦，梦是见马，背上所驮黄白物，醒乃告其妻，于是夫妇取锈铲……至楼底，掘之不逾尺，得一金马鞍，上有东王府字样。夫妇大喜，取鞍藏之，久始请于同里刘仁甫，仁甫为介炉冶雇□鞍之重盖赤，四五十斤，由是王氏不再磨豆腐。一旦称富……，此事闻诸仁甫后人。此事与蒋驴略同。皆发太平财者，然蒋富于当时，王富于太平朝崩溃之数十年，此则又有迟早之别耳。

1950/01/29

毛老人庙

纪伯紫《玄武湖》诗，有云“圣鼠到几家，神物藏东隅，……渎邱岳椟，永绝……”黄湖上多鼠，因作此言。相传：明初，建册库于此时，一老人虑鼠损册，朱元璋问老人姓，曰毛。朱曰：猫能伏鼠，迳活埋之，立毛老人庙，春秋祀之。昔帝王之专术，读音假借之可笑，胥于此故事中可见之矣。今湖上已不复有此庙，惟同光间所建湖神庙，吾辈少时尚及见，不谂是否即毛老人庙之遗迹耳？

1950/03/05

南京文献精编

东山琐缀

（民国）卢前 著

审校 卢佶

南京出版传媒集团
南京出版社

目　录

东山备乘

东山即土山，在城东南二十里，周回四里，高二十丈，无岩石，故曰土山。《舆地志》云，山下有湖，自方山至京师，此为半道，今谓此一□下道为半逻。

《建康实录》，吴景帝自会稽至曲阿，有□翕干，帝速行，即日进至布塞亭，孙綝[1]迎于土山之半野。晋石季龙入寇，蔡谟所戍，自土山至江乘。太元八年，秦苻坚众号百万，次淮淝，京师震惧，加谢安征讨大都督，谢玄入问计，安夷然无惧色，答曰：已别有旨。既而寂然，玄不敢复言。乃令张玄重请，安命驾出土山墅张晏，亲朋毕集，方留玄围棋赌别墅，游陟至夜，方还府内。逮明，指授将帅，各当其任。又于土山，营立楼馆，植林木甚盛，每携中外子侄往来游集，肴馔日费万金，世以此颇议之，安殊不屑意。

元张铉《至正金陵新志》，谓上元县有两东山，一在崇礼乡，即土山是也。谢安栖迟东山在会稽，后于土山营筑，以拟东山，今去县二十里。一在钟山乡，蒋庙东北，宋刘勔栖息之地，今去县十五里。陈轩《金陵集》载李白、李建勋《东山诗》，皆指土山而作。

沈约《郊居赋》有云：临巽隅兮纵目，即堆冢而流眄。虽

① 孙綝：原书误作孙琳。

东山之培塿，乃文靖之所宴。

李白诗云：不问东山久，蔷薇几度花。白云还自散，明月落谁家。又云：我今携谢妓，长啸绝人群。欲报东山客，开轩扫白云。

宋苏轼《东山诗》云：谢公含雅量，世运值艰难。况复情所钟，感慨萃中年。正赖丝与竹，陶写有馀欢。常恐儿辈觉，坐令高趣阑。独携缥缈人，来上东山巅。放怀事物外，从倚弄云泉。一旦功业成，管蔡复流言。慷慨桓野王，哀歌发清弹。挽鬓记流涕，始知使君贤。意长日月促，卧病已辛酸。痛哭西州门，往驾那复还。空馀行乐地，古木昏苍烟。

明姚汝循《东山怀古诗》云：晋运遘阳九，六合如瓜分。秦兵剧虎狼，玉石将俱焚。谁知东山土，倏起策奇勋。谈笑棋枰间，万里清妖氛。功成了不有，还寻麋鹿群。左手挈明月，右手携白云。纵浪岩壑间，风流千古闻。我来访遗迹，蔷薇花正芬。斯人不可见，惆怅下斜曛。

明黄姬水诗：昔卧会稽客，因留东山名。宛然林泉趣，犹是谢公情。远墅草全没，空门台半倾。谁知游衍者，偏解慰苍生。

崇祯间，词人易震吉《金陵六十咏》之一《咏东山》，序云：晋谢太傅家会稽之东山，既领朝宗，念东山不置，以此山类东山，故建楼墅于上，因以东山名之。地旧名土山，今俗尚以旧名，其南有石山竹山。朱元介少宰云：其地有八山，以八音名。《清平乐》词云：愁怀如扫，足见登山好。百丈游丝头上袅，似网住晴晖了。是谁携妓相嬉，要将人比花枝。我所思兮东岭，春风劝尽深卮。

南京设市，未几，迁县治于东山，于时东山犹称土山镇，自乡镇划并后，改为东山镇。初立江宁实验县，废实验县，复称江宁县。移治伊始，筑县府，楼宇宏壮，沦陷时，尚屹立无恙，胜利前夕，火，楼竟毁。

县府去东山二百公尺，竹山则距离五百公尺，谢墅所在，今为江宁忠烈祠。

东山镇人口计八千六百二十一人，男四千四百四十一，女四千一百八十，此为民国三十七年七月间统计数字。东山镇之出产，仍以稻麦为大宗，依全镇耕作面积一五二〇〇亩计，每年约产水稻五万馀担，小麦约七千馀担。

今江宁全县面积共为一百零七万九千三百零九亩六分七厘，人口照七月份统计数字为准，合计四十四万六百五十四人，男为二十三万一千九百三十三人，女则二十万八千七百二十一人。全县应征田赋稻谷共二十三万二千八百九十七石二斗三升五合，以上亩数等均系三十六年度应征数字，所列稻谷数，包括征实征借公粮积谷附加各数共如此。

全县为三十一镇，十五乡，四百七十六保，六千八百三甲。镇曰：东山镇、岔路镇、上高镇、淳化镇、解溪镇、桥头镇、殷巷镇、板桥镇、江宁镇、牧龙镇、铜井镇、陆郎镇、谷里镇、东善镇、元山镇、陶吴镇、朱门镇、横溪镇、丹阳镇、秣陵镇、禄口镇、秦曹镇、铜山镇、湖熟镇、龙都镇、索墅镇、土桥镇、定林镇、龙潭镇、摄山镇、栖霞镇。乡曰：风雅乡、西安乡、仁孝乡、和平乡、京六乡、丹桂乡、青林乡、孟北乡、阜东乡、上烽乡、鹤龄乡、天昌乡、靖安乡、三杨乡、尧辰乡。

乡镇之可考者，据《至正志》，淳化镇在上元县东四十五里凤城乡，宋淳化五年置。陶吴镇为金陵镇，在江宁县南六十里，本陶吴铺，宋景德二年改为镇，元置税务于此。江宁镇，在江宁县西南六十里，元设巡检司于此。土桥镇在上元县东南六十里，与句容县西界。秣陵镇在江宁县南五十里，元有税务巡检司。今摄山镇栖霞镇，则作栖霞市，在上元县长宁乡摄山栖霞寺之前，去城四十五里。禄口镇作路口市，去城南七十里。靖安镇则作靖安市。铜井镇则作铜井铺，为九铺之一，系西路，直抵太平路界慈湖铺，想当日其间已有驰道矣。东善镇，相传太平天国时为官军区。吾乡诗人金亚匏先生《和痛字篇十三日》，所谓"两日善桥饭，三日龙溪眠，一日脉要村，五日钟山巅"，善桥即在今东善镇也。

易月槎震吉《秋佳轩诗馀》，《满江红·九日东山》云：

节届登山，便直到、山之绝顶。殊可爱、重岩细菊，逗遛秋景。佳色曾娱彭泽令，瘦容欲学东阳沈。看丹枫、坠叶杂花间，浑如锦。　　少长集，非邀请。开口笑，都狂饮。想人逢佳序，惟应酩酊。三户孤村香橘柚，一湾野水来渔艇。忽风飘举手快扪头，将冠整。

《念奴娇·东山即事》云：

家山靡靡，见余归、勃尔顿增雄概。心折连天横一片，只有殷勤下拜。春色才临，春声偏脆，山外担花卖。衰颠白未，枝儿要想斜戴。　　高兴典却单衣，衣虽典尽，未了垆头债。填壑填沟无不可，堪笑老夫疏态。携妓登临，徘徊往事，谢傅风流在。客遗匹锦，倩谁裁作诗袋。

晚明时，东山之繁庶，似尚有甚于今日者。

东山之初设治，梅思平以教授出任县长，虽曰实验县，所实验者多出己见，及今未尝有留续，可知其虚设矣。彭百川接任后，第一区督察专员胡次威亦居于是，专署专县府同楼办公。百川一教育家，凡所经营，多作久远计，尝邀予为修县志，并示以新村计划，余未及受廛，而时事日亟。其时闻川人杨廉在东山置产最多，然亦未有营建，未尝拊艺耳。

县级机构最夥。今所有者曰田赋粮食管处，曰民众自卫总队部，处长总队长皆县长兼任，副处长徐人文，副总队长孙逊；曰警察局，局长王开华；曰国民党县党部，书记长时鸣九；曰保安大队，大队长马春生；曰税捐处，处长周仁洛；曰卫生院，院长马龙瑞；曰县专用电信所，所长祁振黄；曰农业推产所，主任陈鸿祥；曰县地籍整理处，处长张祥麟；曰文献委员会，主任委员卢前；曰公有款产管理委员会，主任委员严必康；曰积谷保管委员会，主任委员葛修镕；曰县银行，经理冯顺伯；曰县立中学，校长蒋瑜；曰民众教育馆，馆长周义焕；曰新生活运动促进委员会，主任委员祝锡庚；曰童子军理事会江宁分会，主任委员祝锡庚。

江宁之商会，理事长熊仰苏。农会，理事长赵一鸣。教育会，理事长张耀南。渔会，理事长皇甫轩。中医师公会，理事会马益吾。医师公会，理事长戴鸿烇。妇女会，理事长姜子榴。工会，理事长孙华连。

县参议会参议员六十五人，议长葛修镕，副议长蒋瑜。往年集议，余尝列席，议员选自各乡，颇多专家，如中央大学农学院耿以礼教授亦海内名学者也。

县政府之组织，县长下设主任秘书一员，秘书二员；共分五科，各设科长一员，又指导员四员，督学三员，技士四员，技佐一员，军法承审一员，地政专员一员，地政技术员二员，会计主任一员，人事管理员、佐理员各一员，统计员一员，主任合作指导员一员，合作指导员四员，度量衡检定员一员，军法书记员一员，科员十七员，事务员十六员，雇员十四员，共计六十六员，似昔日之县府职官稍减矣。

县立初级中学一所，校长蒋瑜。私立中学四所，在板桥者曰三山中学，校长彭根祜；在陶吴者曰培理中学，校长冯世光；在栖霞者曰建设中学，校长杨克昌；曰宗仰中学，校长杨礼治。

中心国民学校六所，曰东山，曰解溪，曰殷巷第一、第二，曰淳化，曰靖安。而各镇乡所设国民学校共四十所，淳化、板桥、江宁、陶吴、秣陵、禄口、湖熟、丹桂、龙潭，九校学生皆在三百人以上。岔路复有中正小学，东山有骆村小学，青龙山有劲园小学，板桥有资源小学，又皆私立者也。

今县长黄相忱君，江苏睢宁人，历任福建崇安、罗源、德化、福鼎诸县县长，转任本省淮安县长，还都以前，来江宁，受命艰危之际，亦一时之干材。

行宪以后，江宁所推国民大会代表为张世希将军，县人当选立法委员者曰林栋，皆余所谂知者。

今年[1]七月，余衔行政院命，督导救济特捐至镇江，尝与江苏省主席王懋功君谈江宁县治，不知何年始可重建东山。今日之东山，繁庶不如板桥，甚至不如江宁镇，与其守待，何若暂迁，王君亦韪余言。

余在修《南京市志》之始，据甘绍盘《上江两县志》断自光绪元年，下逮民国十五年市县分治以前，撰《旧志补》，此市县可应共有者也。江宁既转移东山，自后当别有志。今年数至东山，采其可录存者，削稿一卷，俾他日有所取资，题曰《东山备乘》云，时民国三十七年十月二十日。

① 1948年。

江寧縣略圖

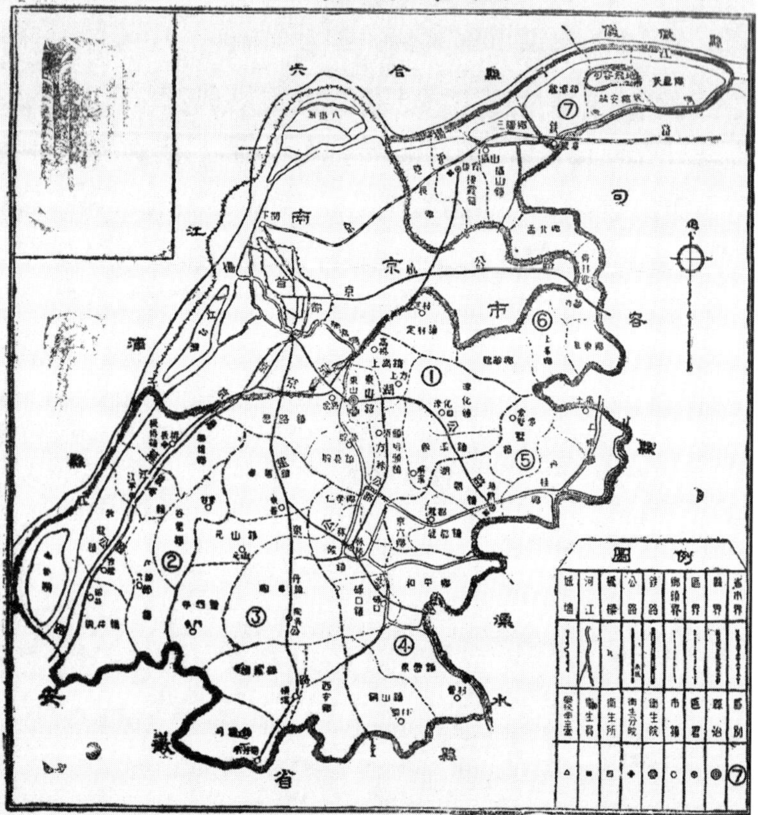

比例 1:150000

東山備乘

民国以来江宁长官表

旧志有守令表，或曰牧令，民国后，始则设府知事，继改县，曰县知事，自国民政府成立，称县长。江浙沦陷后伪维新政府，于各县复县知事，伪国民政府又改曰县长，复员后仍县长名。前后三十馀年，其人姓氏，已难查考，及今不记，则他日必益感困难，因写为长官表，倘有阙漏，愿邑贤有以匡正之。

南京府知事

辛汉，江宁，民国元年履任。

案，首任长官濯之先生为本县人，其后改任议员。于时府衙在今慧圆街，吴宫馆店即其址也。

江宁县知事

陆维理，江宁，民国二年履任。

案，莲孙先生原在辛知事幕中任秘书，至是升擢。

左枎周，安徽人。民国四年履任。

樊溥霖，籍贯不详。民国四年履任。

吴其昌，江西人。民国五年履任。

案，秀之先生，予但知其为举人出身，先姑丈铅山蒋绍白尝居吴幕，用是曾识其人。

孙锡麟，江苏人。

高桂馨，吉林人。

曹运鹏，湖北人。

案，右列三君，未详其履任年月，约在民国七八年至十二三年间。

吴耀春，湖北人。民国十三四年履任。

案，养田先生为北伐成功前一任知事，以上各任公廨在今三坊巷。

县长

萧养晦，湖南人，民国十六年履任。

周浩，贵州人，民国十六年履任，十八年交卸。

案，少衡先生颇有能吏称，于时南京已设特别市，市长为刘纪文，县市间纠葛，刘周之所处理也。

王垚，浙江人，民国十八年履任，十九年交卸。

冷隽，安徽人，民国十九年履任，二十一年交卸。

案，隽人于时年甚少，政绩亦不后人，其后调任上海县。

赵中，镇江人，民国二十一年履任，二十二年交卸。

案，以上各任虽在市县分治后，仍居城内办公也。

梅思平，浙江人，民国二十二年履任，二十六年交卸。

案，思平以中央政治学校教授，来任县长，于时江宁为实验县，始迁东山镇，徒得实验之名，数年间，未能有所建设，至可憾也。

彭百川，江西人，民国二十六年四月履任，战时卸任。

案，百川为一教育家，来任县长，曾邀予之东山游览，颇有意经营成一新局面，未几而抗战军兴，南京陷，江宁亦随之沦没。

林杞，江宁人。

案，梓章为子硕丈长子，以军人游击京郊，省府乃派充县长，住霍里。

张雍冲，句容人。

杨鼎侯，高淳人。

蔡为端，溧水人。

案，以上四任县长，皆在沦陷期中就职者，起讫年月，已难详考。于时，有伪县长庞振乾，江宁人（初在城内办公，未几亦移乡区）；伪县长洪客尘，福建人；陈鎣，江宁人；刘植，山东人。终沦陷之八年，伪官亦经四任。

黄相忱，睢宁人，三十四年十二月履任。

案，东南收复，相忱即到职，于时尚未还都，迄今已任事三年矣。

书林别话

铅椠盛而雕版术日衰，世多不知刊刻为何事。三四十年来舍南北二京，惟武昌、开封、长沙、成都尚有刻手，然所刻书屈指可数。而雕版之技艺，能谭者已尠，不出二十年，斯道必中绝。不有纪载，则他日孰知前此成书之程序耶？是亦书林谈助也。爰补长沙叶氏之所未备，题曰《书林别话》。

或曰：排版速，成书便，印行惟恐其不多；子嗜古故爱刻书，实则机器发明以后，刊刻早应废除！予曰：不然，大量出版，铅椠诚愈于雕版，而雕版之长，有非铅椠所及者：刊刻既成，随时可以印刷，一也。印刷多少，惟君所欲，减浇版之烦劳，二也。刻版随时可以挖补，可以修改，可以抽换，皆不需重新排字，三也。手工印刷，墨色经久，不患油渍，久而愈纯；一编在手，墨香满纸，此惟藏家能赏会之。书固不必尽以多为贵者，文章之妙，益以剞劂之精，二美辉互，不亦娱心而悦目乎？是故铅椠雕版，无妨并存。

一书之成，自定稿以至装订，其步骤十五。曰：选料，写样，初校，改补，复校，上版，发刀，挑刀，打空，锯边，印样，三校，挖补，四校，印书。

刻书谓之长刀，与刻零碎者不同。学长刀者习艺三年，进出师必备酒，从师者以十六七岁为宜，学艺初成，技未必老；二十至四十之间，最为出色。及至暮年，目力已衰，亦无足取。

文稿既定，首当选式。除金石图书，版头之大，莫逾于清御纂“七经”，小者则仿宋巾箱本，《粤雅堂丛书》《知不足斋丛书》皆是也。通常为半页十行，行二十一字，最便于刊诗，五言绝句空一字，七言绝句则适为三句。

板之四围，上为边，下为栏。黑口书者，上下长象鼻，中列鱼尾，书名卷数往往著鱼尾下。花口书者，鱼尾之上列总名，鱼尾之下列书名卷数，又于页数下列书斋名。白口书者，书名及页数偏前，卷数偏后，无象鼻鱼尾者也。

内典多作瘦边肥字，半页十行二十字，作十八字者亦有之。梵本款式异。江阴缪氏爱用宽边瘦字，南浔张氏《适园丛书》有作半页十四行，行二十五字。大抵视文稿性质，以定款式。陈编俱在，任君自择，此亦犹口之于味，嗜未必同。

刊刻始于储料，料储则质之松紧可以类选。世称枣梨，实则枣木粗不可用，梨木以野梨为上，惜石楠不易得耳。丝棉树亦可用，但不经久，刻零碎者多用之。

材既选得，视书式断片，浸之以水，经月始可，而急用者多煮之。浸煮之后，即以付刨。刨讫，阴晾，不可以曝日，以免生裂，干后搽以豆油，刮之使平，复以节草磨之，然后可以贴写样矣。

依照款式，先刻花格板，夹空三线，又较寻常格纸，多一中线，以毛太纸印若干以供写样。中线供每字主竖之用，有注则双行小字以中线为分界。夹空线三根以中间一线为本行之线，其馀左右二线，所以为字画分之科，不刻，惟归安朱氏《彊邨丛书》及《李文忠公奏议》写样用一线，不用三线，此非寻常之例也。

先用白蜡在纸上轻抹一道，放纸型板上，用雨花石细润者磨之，使纸之毛头光滑，便于书写。

大小字夹写者，谓之“雨夹雪”。大字宜肥，小字宜瘦。

写长体字或扁体字，皆视方体字为吃力。

写刻本，用篆隶，或欧字赵字者，须好手刻之，始免于走样。

宋体字写法，横要平，竖要直，长字宜瘦，扁字宜肥，长字撇捺均宜硬，扁字撇捺均宜软。不问横之多寡，所空要齐，竖亦然，横谓之仓口，直谓之间架。写字能正最好，否则偏左不可偏右，右偏则行款必歪斜。

写样时发现错误，用刀另割一格，四边略加浆糊黏贴。

样既写成可付初校。遇错误在本字旁加一“△”，另书正字于样之上方，有脱落者加“○”，亦补书于样之上方。

如本文须空格者，在应空处加一“○”，样之上方亦应加“○”，如已空而实不须空者加一“——”，样头注明“接写”二字。如次行须移接上行者，加一“乙”，样头亦注明“接写”。昔日稿中多抬头之处，今则少此例矣。

写样之改补推动，只有限于一次，复核后再有删除，则必须重新写样。复校重于初校，因经复校，即成定本上板矣。

用熟饭泡水，备一小木器如印状，就板上压融成糊，以手背由右至左刮平之；再将写样反贴于板。取棕毛刷，轻刷一道。再以刷排次触之，米士粉均匀洒其上，复刷数道，使样纸成茸，再刷去毛茸，晾干，使干透再以节草磨之。

样中有割补者，其法与前同。而晾干后，再将底层纸揭去；不能揭者，以节草磨之。

其次发刀，谓之开刻。取法条刀与平口刀，左手按尺，右手持刀，逐线引之，在所引之线上，再扯以刀，手重者两刀，力轻者，往往三刀。然后将板倒持，仍在原线处，复扯以刀。直线完毕，即从事打横，案字之横，逐一划之，此时应加豆油一道，再案字笔画，先自左刻起，撇捺竖点，各刻一刀。字左之木，均由发刀剔清。刀不宜站，站则字不经久，卧之则仓口间架，不得分清。发刀者宜斟酌于站卧之间。

发刀毕，则归挑刀。挑刀伊始，必倒持板。夹空线先铲右边，即原样之左线也。据发刀之刀痕，逐字细刻，第一刀要重，二刀略轻，三四刀以软，依次减轻，板木渐去，略现梯形，此挑刀之割木法也。

撇与竖刻法同。撇有二种：曰直撇，如“月”字撇。曰横撇，如“参”字之四撇，第一撇长，第二撇短，三撇著中，四撇短于一撇，撇多者同此。但撇尖应倒刀铲之，否则如鼠尾。刻楷书者，不用倒刀，鼠尾撇为上。点有三种：一种平点，如宝盖中点，上平必竖形。一种左点，应向左边。一种右点，作半瓜子形。例以“心”字，中一点谓之平点，左点即左点，最后一点，则半瓜子点也。

刻竖宜直，头要平，尾如蛋圆形。上接横或下接横者，如“田”字，至横为止。竖多者左竖略细，馀竖应相同，不能再有肥细之别。

钩向左者如鹅头形，向右者谓之剔，剔刻法如横，起手重，落手轻。

刻横宜平宜瘦，大字略肥，但不逾竖之半。刀不可站，站则字易漫漶，馀如发刀，捺如倒撇，要步步紧，全板之撇应一律，不可有肥细之别。

挑成，则铲左线空，即原样之右线。字内之脏（如木屑等）用铲空凿逐字剔之，名曰剔脏。用热水洗板，板上纸衣尽除，于是始完成挑刀手续。

打空，先用刀将字头字脚划一道，月牙形之弯口凿与木锤细细敲之。则无字处之木去完，靠线左右近之木，再用半分平口凿锤之。所有未清之处，仍剔以凿。空内如有铁形疖疤，先用平口凿戳碎，而后敲之，免伤月牙形之凿口也。

案照原书规定边线之粗细，放宽锯之，复以刨细刨之，或以铲刀修之，如此始得与原线相符，上下左右，四方应匀称，不可参差也。是谓锯边，至此板已成矣。

板成，印样。红样为多，亦有用蓝色者，或径刷黑色。红样可改蓝、黑，而蓝、黑色则不可重印红样。

刷印器具，以棕为帚，又用碎棕裹棕皮，包扎既紧成擦：印时帚宜轻，免伤字，擦要重，方显出字之精采也。

据样再付校，此为三校，校刻样与校写样同。

校出错字，即为挖补：先挖一方孔，而后削以木钉，略大于孔，敲之，嵌入，以铲刀铲平。再描反字，当与本样仿佛，字体不可有粗细，若参差殊不美观。笔画有阙断者，用刀刻一痕，取小木片插上，铲平，修之。至删增遇有挂脚处，未尝不可挖补，否则更动行款太甚，必须重刻，非仅挖补之事也。

既经挖补,以小纸条连改正错字之上下,印出粘于书眉,是谓小样。此小样供四校之用。

四校为最后一校,应据挖补后之改样、小样,逐字对过,无错则成定本,可以付印已。遇错,随时仍可再补,好在印量任意(通常印三十部),一发觉错误,即可改正也。

印书始于制墨。制墨之法,取炭窑之窑烟,化牛皮胶为水,和之,成厚粥状,调之以酒,储之半月,成稀面糊,将墨粥揉匀,盛入缸藏之,至时霉天,则臭气四溢,然必经三四时霉天,始能用也。倘急用之,则墨色必浮,触之则糊。是墨愈久而愈佳。印书时,必先用马尾筛破水沥之。渣滓可以倾去,取其馀印书。

能手印书,墨气前后一致,边栏一律;次者则有锅巴、盐豆、倒边塌栏之弊。锅巴者书中直现一块白,盐豆乃斑驳之称,倒边塌栏皆手脚轻重所致,遂多毛花。

印红书者,不可用洋红,以其见水即化。上者以银硃桃丹合四六成,用白芨煮水和之。下者,如旧日以红苋菜煮汤,收膏应用。均能沾水不变色。惟苋菜水现紫黑色,银硃桃丹则较鲜艳。今通常皆用银硃桃丹,已不知苋菜水之可书已。

蓝色亦不可用洋蓝,亦以其见水即化。古法用靛花,染坊之所用也,今多用红毛蓝,惟非中土所产,故不易得。

旧日有印五色套板者,除黑、红、蓝外,馀如缋画之破色,不具录。

印书以手制纸为宜,手制纸俗称本纸。红兰色书宜用杭连,杭连每刀九十五张,每捆十五刀,长三尺二,宽一尺八寸。小板印十二裁，中板印八裁，大者六裁。十二裁书，成书时长为五寸七八分，宽四寸。八裁书七寸半，宽四寸二三分。六裁书长八寸，宽五寸。此长杭连印书之大小尺寸也。

通常毛边，又名官堆，亦曰太和、宁化、古城，以产地名也。近年所用美大仁如前之太和边，今之白吉正已不如前之宁化边。太和边每捆刀半，是谓六五边。每刀一百九十五张，上者足数，下者数不足而破碎多，张片亦有厚薄，不如上者之匀称也。长三尺六寸，宽一尺六寸，纸质差者尺寸亦往往不足。当日江南官书局所印史书，均六裁。六裁书，长七寸七八分，宽五寸六七分，书品呈方形，如讲究书式，去长头四寸，则宽五寸，长七寸七八分，略较雅观。内典用九裁，纸尺寸不足则多用八裁。

赛连纸宜印黑书，尺寸与杭连同，书之大小亦相似。今殊难购。惟此纸最经久，愈久愈美观。

毛太纸有二种，一曰重太，一曰轻太。十年前重太每刀一百九十五张，轻太每刀二百九十张。重太尺寸足，纸质佳，轻太则纸质薄，破碎多。毛太仅可六裁，板头大者不宜用。

装订，当先备书壳。通常用毛边拖栗色，半年后付裱，裱时面糊加矾，以免虫生，广东则多雄黄纸。拖磁青色者，用杭连纸。以苏州制者为佳；精者以杭连裱，次者用洋纸裱。

印成书订时，经过分、摺、齐、下锥、上面、裁、沙磨、打眼、穿线、贴签十道手续。分有大分小分之别，大分者将所有书纸摊开，案号揭起；小分者，顺序排列，依次取之。摺亦有二种，一曰拈摺，一曰复摺。黑口象鼻宽者，用拈摺；象鼻窄者，非复摺不可，否则露白。齐之法亦有二，一曰扒栏，一曰撒栏。扒栏者自上向下齐；撒栏自下向上齐。最难为撞口，触齐，能者可使齐成一线，次者则参差不齐，是谓毛栏。下锥宜直，不可歪邪，上下打孔用纸捻插下，纸捻分大小头，小头穿孔抽紧，捏平，再以锥敲之。有用巴锔捻者，必须四孔，纸捻长形，反面加结。于是上面，即所谓书壳，加看页、护页。面有双面、单面。单面加半张看页，首加护页整张，双面则不加护页。裁书注意上下前后一律，多以脚踹下刀。裁齐者，旧日用砂石，今以砂纸磨，使刀花磨平，然后打眼，视书之长短大小，酌量行之。惟眼之距离，不问书之册数多少，应一律。打时用细长之线锥，粗锥打眼则不相宜。六裁书要用肥线，八裁用瘦线三条，此丝线之专名。穿线时线相纠扰，必以针拨平。书订成，最后贴签要用面糊满贴，亦有贴签之两端者。满贴为实贴，此则浮贴。书签四周边外白纸不可逾一分。

蜀为五代名都，以刻书著称。民国以来刻手已少，在成都惟严氏有老刻工，所刊音韵学丛书极精。庚午[①]入蜀，余尝讲学于国学院，见存古学堂所存版片，久未修补，因取《陶情乐府》印之，又另取讲义《曲雅》付刻，于是近十数年，刻书之风复盛。杨子霖、黄致祥皆其著者，而黄氏茹古书局亦居然与严氏抗衡矣。蜀之刻手，多为岳池人，岳池陈氏朴园主人以藏书闻。己卯[②]，余居白沙，尝托刻《楚凤烈传奇》一种。

---

① 1930年。
② 1939年。

又为介刻手于支那学院蜀院，应欧阳竟无先生之命也。

金陵三山街为明代刻书者所聚，如宋时之临安。富春堂等，则犹陈氏书棚，皆卓然有闻者也。近百年刻书业则始于洪杨事变之后，随曾左而起者曰李光明，江南官书局所刻皆出李氏。其后则有姜氏。刻内典者则为潘氏。李光明在秦状元巷。潘氏在承恩寺十闻房，主人曰潘文法。姜氏名文卿，在东牌楼党家巷。

南京刻手多陶吴人，而后扬州、丹阳多有习其艺者。当日刻书如缪艺风时，每万字不过制钱十六串，板费亦在内。

姜氏所刻有合肥李氏《集虚草堂丛书》、金坛冯氏《蒿庵类稿》、宝应《成氏遗书》、贵池刘世珩《暖红室》、南陵徐乃昌《积学斋丛书》及《闺秀词》，而江阴缪艺风书为姜氏刻者尤多。文卿子瑞书字毓麟，与余最相得，今亦年将六十矣。古微先生《彊邨遗书》及余所刻《饮虹簃丛书》，皆出毓麟手。丁丑[1]变作，毓麟尽弃所有，惟运板至姑孰，因以保存者不少。

四十年前能刻图像者，惟金陵刻经处；各种佛像雕板极精，皆潘文法、姜文卿所为，今乃不可得矣。

能刻仿宋及软体字者，有黄冈陶子林。如南浔刘氏嘉业堂之"四史"、刘世珩刊之《金石契》，及武进董绶经诸书均出陶氏手，为一时所称。

北平龙文阁主人，为南京之陶吴人，十年前所刻书颇有闻于北方。今不知尚存否。他若苏州穆子美，闭歇已久。扬

① 1937年。

州砖桥镇王氏专刊内典者，在今亦无存。杭州谢姓之渭文斋闻已停业。

壬申[1]，余在开封，于书店街得马氏集文斋，尝与邵次公先生托刻书籍，自是汴中遂多刻书者。

丁丑[2]，避地汉皋，因箧中有《长春竞辰乐府》写样，以付武昌墨耕斋，其人非习长刀者，故所刻未能入格。

湘中所刻书，字方而黑，思贤书局发售者多类是。长沙福胜街段文益堂，曾于二十三年刊亡友吴碧柳《白屋遗书》，写字者名段远鉴字季光，大体仍受其乡风。既经劫火，不谂段氏今何若矣。

丙戌还都后，余力助毓麟复业。先是乙酉[3]之冬，余自渝而东，毓麟方结束，将归耕泰州。板片已多朽腐，刻手尽行遣散。幸余早一月至，百方劝慰，嘱以祖业为重。明年京市设志馆，余受聘主其事，集乡人所刻书板劫后之仅存者，邀毓麟主持修补，刻手渐招还，不一年略复旧观。而李光明、汤明林诸家皆荡焉无存。环视宇内，能精刻书之艺者，今日惟有姜氏矣。所愿毓麟收徒，俾中道不至绝传。并举平昔所闻于毓麟者，笔之于书，有志将书槁付剞劂者，尚亦乐许之乎？

① 1932年。
② 1937年。
③ 1945年。

织造馀闻

南京缎业与国同运。自“九一八”辽东沦陷，玄缎销场随之丧失。于是缎业乃大衰。在今日言缎，犹白发宫人谈天宝遗事。虽然，缎业关系南京人生计至重。在最盛时，织机万数千张，倚此为生者二三十万人，魏敬生尝邀旧管贝镜秋、蔡鉴秋二君，为予谈此业之梗概，录为一卷，曰《织造馀闻》。

南京缎业用丝分两种，经丝取自硖石、长安，纬丝取自塘栖、新市，江宁横溪谢村之纬丝亦著名。江北一带，丝价较贱，然不如浙丝也。染玄用陪子、槐米、茶油、粟谷、盖矾、明矾，亦有用猪胰者，赝品则用小粉，惟以陪子与矾为主。

种桑养蚕，织造之造端也，惟工作始于“搅丝”。售丝者为丝行，南门沙湾最多，城北则聚于北门桥。取浙丝“摇经”者有经行。“乡货”必先投行。购丝然后“发染”，染丝经亦有专坊，染毕发予“络工”，络成则属“牵接工”，牵罢上机，机上接成，接成则始织。

造机者有木工、竹工，又有“打范”工人、“扎扣”工人、“梭子”工人、打线工人、挑牌工人，各司其事。每机织工需二人，重货十五日，轻货亦须十日，库缎谓之重货，轻则裩襕之属。

陈作霖《炳烛里谈》卷上“机包子”条云：俗语力任众事曰包。事兼数人者亦曰包。乾隆中车驾南巡，临事机房，见织工短衣盘辫，气概雄赳，笑曰："此真机包子也。"由是人皆以机包子呼织匠云。

城南人多织玄素、摹本，城北人则善织杂色花缎。民国初元，曾一度改用铁机，未著成效，未几又复木机盛行。

建绒、漳绒，亦产南京，孝陵卫一带织户多为之。其质料仍用丝经，与织缎同。"经纬店"以收丝之所剩馀者，每卖与绒业。

缎业每经偷扣，往往历八道私除，俗称"八贼行"，曰：络经，络线，染坊，摇经，牵经，约机，打线，打范。

逊清时，天青缎销行最广，以用作官服之用，命妇之服亦然。他如二蓝、大红、鸦青，亦并流行。入民国后，仅用作小帽、鞋面，均限于玄色。

近五十年，南京之名缎号有杨裕隆（门东小膺府）、于启泰（钓鱼台）、魏广兴（门西高岗里），高岗里有"四兴"（魏广兴、王聚兴、刘益兴、张恒兴），他如胭脂巷之张德茂亦著。杨裕隆有缎行之称，其后有黄锦昌，今则有贾晋丰、王振昌。小户尚存卅馀家，已不能成号，即所谓机房是也。

于启泰号房分多，仍各业缎，有大于启泰、小于启泰之称，收歇于民国十三年。杨裕隆、黄锦昌皆先停业，魏广兴则闭止于沦陷时。缎有库缎、绒仰、靴素、魁素、大进素之别。民国初年所改良之"敛脚"、"斜纹缎"，未能盛行。

缎业领袖，昔日有质夫之父，称曰张汉，及鲁某，齐名"张鲁"。其后于启泰主人于少彰、魏广兴主人魏芝房共同主持缎业公所，兴办蚕桑公所。又后则有黄月轩，月轩今已年八十馀矣。

缎分十馀种，自一万三千头（经线数）至二万三千头；门面自二尺四至四尺四，长自四丈至五丈五尺。

缎价每匹自银三十两至七十两左右，合银币四十馀元至百馀元，此数为清末民初时之定价，数十年无多更变也。

缎销至日本者，曰东洋带子，每年约一千馀匹。织锦则销美国，虽亦用丝，在缎业为外行，今中华路张象发号为第一。

红黄色花缎俗名京庄，行销蒙古、西藏，缎业称为花行，以城北祁家为最。

开机无可接，是为“捞范子”，此亦一专门术语也。

“万家机杼声”，盖指门东、门西及南乡一带机民而言。摇经工人多尧化门、燕子矶人。机业学徒，亦以三年满师，与他业同。

南京玄色缎所以胜于苏杭者，因用秦淮西流水。太湖、西湖水多杂色，惟西流水可以保光，故玄色缎为南京之精品。

自购办原料至出品之日，最速亦需三月，手工业终不如机器工业之迅速也。机工今所存者皆老弱，已不满千人，少壮多已改业。

按缎之成品，凡原料、染料，无一非国货者；所有工作无一非出自人力者，是不独市民生计攸关，亦社会经济之所系。自毛织品代缎而兴，呢帽皮履代旧帽鞋而起，于是缎业遂不复振。南京自十六年建都以来①，市民生计日苦，回忆

① 民国十六年（1927），国民政府定都南京。

缎业兴盛之日，恍如隔世！

贾晋丰主人贾老鉴西，今尚健在，是为缎业中之鲁灵光殿，对于织造业兴衰之故，烂熟胸中。他日求教，必有以增益吾闻也。

鸭　史

金陵之鸭名闻海内。宰鸭者在今日约有百家。鸭行在水西门外，约三十家。销鸭以冬腊月为多，每日以万计。

鸭之来源，以安徽和县、含山、巢县、无为、全椒为多，六合及本京近郊占极少数。鸭客人（即鸭贩）到京即投行。鸭铺（即鸭店）上行，由行客铺共同议价。

六月之鸭，养不易大，所谓早鸭，因吃麦稍，体质太嫩。腊月之鸭，因天寒亦不易孵育。八月之鸭最好，正桂花开时，故称桂花鸭。十月，冬月，谓之宿漕鸭，以稻喂养，亦甚肥美。

盐水鸭制法。第一，抹以盐，再以盐卤浸之。煮鸭以前，在炉烘干，以白水煮之。置生姜、葱、茴香少许。天热，亦酌用醋，解除腥味。制烧鸭之法，光烫以开水，涂以糖稀少许，用火炉烤之。

每年过重阳则卖酱鸭。制酱鸭之法，与盐水鸭略同，所有鸭皮上之色，系用麻油与糖熬成之汁涂上。又酱鸭用头等酱油，加五香、桂皮、姜、葱煮之，非如盐水鸭用白水煮也。酱鸭所以味美，以其时气已冷，先一日煮成，次日发卖，故最可口。

板鸭制法亦与盐水鸭同，惟下卤时间较久，置缸中六七日后，始行挂出，谓之吊胚。吊胚约在十月末，冬月初。吊胚之日，为鸭业营业每年最旺盛之资。是时，京沪、津浦两铁路，上下水长江轮船靡不有旅客携带鸭肫者。

金陵近郊之鸭，以姑孰为最；而春华楼尤著。予尝有《浣溪纱》云：

劫后梁台土一抔，秦淮于此水西回，珠峰门外看斜晖。　　姑孰清游嗟已晚，我来十月鸭初肥，春华楼额正当眉。

彩霞街金恒兴开业已五十馀年，祖若父三代于兹矣。杨泽掞为余邀鸡鸭业理事长左亮卿，谈鸭业及制鸭之法甚详。

泽掞言其祖亦营鸭行，在北门桥设“杨顺兴”。一日，忽有感于宰杀之惨，弃其刀砧于三汊河，上半边门板，候鸭券取尽，即停业。殁年八十三，时称其怀好生之德，故享大年。

鸭券者，由鸭店立券售诸人，人亦以券为馈礼之具。初，券仅作钱三百文，其后银三四角不等。南京沦陷后，鸭券之制遂废。

武定桥宴乐春以烤鸭著，一鸭可以数吃，鸭皮烤，鸭油展蛋，鸭脯炒菜，鸭之骨架煨汤。其所用鸭，皆取自对门之刘天兴，盖宴乐春与刘天兴为一家，并毁于丁丑[①]之变。今日吃烤鸭者，多往夫子庙老宝新矣。

回教厨王瘤子以善制鸭名，购取鸭料，最不惜工本。

国内各地鸡鸭店多以金陵分此相号召。北平便宜坊亦自称南京老店，盖其初为本京人所设。

近年南京亦多用填鸭，以代炖鸭。填鸭系北方制法，非

① 1937年。

南京旧所有也。

鸭之附业，有鸭血，俗呼鸭胰。鸭心、肝、肫，及脚翅四件销场亦广，皆谓之零碎。鸭肫销上海、香港甚多，而鸭毛为出口大宗，行销欧美，作羽毛纱用，故有以营鸭毛专业者（鹅毛同此）。

鸭店喜用“兴”字为市招，如韩复兴、金恒兴、魏洪兴、刘天兴、濮恒兴、蔡恒兴皆其著者。大抵回教人占十之九，非回教者十之一。近日又有以板鸭公司名者，则后起之鸭店也。

南京地名有关鸡鸭者，曰鸭子塘，在水西门内；城南程善坊附近有一鸡鹅巷；城北之鸡鹅巷则在北门桥三眼井。

民国以前，鸭论卖，两块脯肉、一块颈、一块骨，共四块谓之一卖。其后以荷叶包之，一包为一份。再后则以碗计。当日一卖，仅制钱七八文，不如今日鸭价之昂也。

油鸡，旧称童子鸡，因取鸡于雏时，故名童子鸡。取鸡肉嫩而油肥者，置套汁中久煮而成。汁本白水，加盐糖少许，煮鸡愈多汁愈浓，套制而成老汁，亦曰套汁，此油鸡之所以得味。亮卿云，油鸡非煮熟的，是浸熟的，可知制油鸡之需时矣。

每年过清明，油鸡即停售，重阳后，再上市。十月、冬月者最佳。

挂炉鸭与烧鸭制法略同，亦以供饭馆用，寻常鸭店而不能备。老宝新及老万全、六华春诸酒家所用，皆金恒兴出品也。

鸭之胰白，或称之曰美人肝，为鸭零碎之最。南门外马祥兴以此得名。

琵琶鸭专供夏季旅行之用。去骨存皮，以芦杆撑开，因不易坏，故六月间销行最畅。前一年之板鸭，留在次夏煨汤，可以去火，汤是乳白色，南京人视为美味。

鸭铺不业鹅，卖鹅者多设摊，鸭业多贱视之。

厨制之鸭，如黄焖鸭、香酥鸭、清炖鸭，又烤鸭，各有其味。此非鸭铺所售。

昔日有侯莘生以能吃鸭名，一饭能尽数鸭，此犹清道人[1]之于蟹。侯每以箸从鸭背一卷而尽揭其皮，此种吃法，或谓之侯鸭。

鸭之重者有三四斤，时值每两国币十二万元，一鸭之代价在今日约三百万元。而全市一日所销鸭通常以两三千只计，是每日之鸭业营业在八九十亿左右（以上包括鸭贩生意）。

倚鸭为生者，在南京约近万人。鸭客人在五千人左右，鸭铺家三千馀人，鸭行一千馀人。故鸭业在南京为一大业。

---

① 即李瑞清。

俗语三家

俗语一作常言。修方志者往往辑录谣谚，藉觇其地之风尚。吾宁居江左，自古为大邑，习用辞句每多通行天下，殆如元周德清《中原音韵》所谓通行语者，明金銮《萧爽斋乐府》尝集金陵常言为词，亟臻美善。而近贤若津逮甘氏、可园陈氏暨石琴朱氏均有俗语对之作，或已刊，或未刊，爰荟为一编，以供谭宁故之助。其语盖之今犹播人口云。

扶手撮脚　　摆尾摇头

借客陪主　　相女配夫

拉长补短　　牵精搭肥

得钱不问主　　有乳即是娘

乡里狮子乡里舞　　大家马儿大家骑

哑叭吃饺儿肚里有数　　瞎子坐首席目中无人

豆腐老盖河房汤来水去　　裱背匠开糟坊酒少画多

右见甘熙实菶《白下琐言》卷六

小大（江北佣女）　　老童（小试不入学者）

桃干（逃学、逃店之类）　　杏核（小儿高兴也）

烧七（丧礼）　　洗三（浴儿也）

捣鬼（说私话）　　出神（默思也）

吃醋(妒也)
秤盐(与儿戏也)
皮脸(不知羞)
肉头(无决断)
油炒饭(肥美也)
醋泡茶(将就也)
猫叹气(盛食器)
狗套头(无襟背心)
披蓑衣
割靴鞦(皆挟妓市语)
食坐子(因人被嘲)
偷冷槌(为人掩袭)
小头鬼(作事不大方也)
大脚仙(江北佣女)
斗虫虫
摸雀雀(皆与儿戏)
踢疼髅(嘲其短处)
抽懒筋(诮其不勤)
猴勾虎跳
驴去马来
坐冷板凳
钻热被窝
七菱八落
十捞九空
借沟出水
拆屋还基
眼睛会说话
拳头不认人
丢在脑壳后
擽在手中心
六人三对面
大众一条心
脚面上支锅(暂且不安也)
眼睛中出火(看人眼热)
一花一世界
三藐三菩提
疑心生暗鬼
醒眼看醉人
眼生向头顶上
心夹在膈肢窝
拉龙拉龙扯扯
骑马骑马颠颠
前船是后船眼
死马当活马医
眼泪咽在肚里
鼻涕淌到嘴中
甜哥哥蜜姐姐
黄爷爷黑妈妈

打是情骂是趣　坐不安睡不宁

髀股上戴眼镜(言背光也)　喉咙里挂灯笼(讥好食也)

蚂蝗钉住鹭鸶脚(拆不开也)　螺丝蟠上乌龟头(嘲盘圆髻者)

小儿口中讨实话　秃子头上放毫光

推开窗子讲亮话　站在楼上唱高腔

磕个青果泡茶吃　拿着红枣当火吹

今朝有酒今朝醉　终日打柴终日烧

倚着草鞋戳破脚　生怕树叶打通头

瞎猫遇着死老鼠　癞站养个碎乌龟

乡里狮子乡里舞　大家马儿大家骑

巧妇难炊无米粥　老娘不是省油灯

大人那记小人过　饱汉不知饿汉饥

两场小麦一场打　八人大轿九人抬

打杯冷烧酒麻麻嘴　买块热豆腐烫烫心

装龙像龙装虎像虎　嫁狗跟狗嫁鸡跟鸡

鱼有鱼路虾有虾路　猫养猫疼狗养狗疼

右见陈作霖伯雨《炳烛里谈》卷中

蝈蝈叫	虫虫飞	辣通顶	坏钻心
烧冷锅	钻热灶	上难书	吃急酒
拨火棍	拖油瓶	叫蚂蚱	呆乌头
穿山甲	扑灯蛾	打闷棍	偷冷锤
尖头棒	钻心钉	望门寡	倒笔穷
半面俏	两头忙	酒盖脸	油蒙心

破靴党	光棍堂	娃娃气	妈妈经
见风长	转经销	钻狗洞	装蚊烟
戳头鸡	笑面虎	草台戏	花仙疯
碰天婚	打地戒	寒彻骨	热勾腰
撑硬棒	打破锣	四把桨	半开门
小庙鬼	富家郎	三尾子	四眼人
下床气	见灯慌	两头幌	一掌经
三只手	二婚头	没脚蟹	大头蚕
合家欢	隔壁戏	定心丸	遮眼法
打油诌	消食咒	硬配硬	光搭光
醉八仙	无二鬼	木头段	火腿绳
吃白食	作红媒	剥皮赌	夹骨张
私盐包	辣醋罐	狗咬狗	鼋套鼋
上黑市	走红门	吃独桌	唱对台
秋打混	夜不收	告地状	想天方
三七搭	八九分	抄手鳖	插嘴驴
死要脸	活切头	上梁山	下苏州
眼孔浅	头皮硗	妨夫姐	害母生
小头鬼	大脚仙	草鸡毛	花狐哨
童颜鹤发	佛口蛇心	剥皮老鼠	没毛大虫
将虾钓鳖	见兔放鹰	斩草除根	撒花盖顶
看歪头湖	算隔手赈	隔靴搔痒	贴钱过庄
指山卖磨	看风驶船	脚大脸丑	嘴尖毛长
看独脚戏	捆双头人	实心菩萨	光头弟兄

上房撤梯　贴壁挂画　用门槛里　啃饭碗边
师姑尿布　道士经摺　调虎离山　引蛇入洞
雪中送炭　火上加油　借刀杀人　贴钱养汉
过河撤跳　靠船下篙　问客杀鸡　替人牵马
摇头放生　当面说诳　客来扫地　贼去关门
养大头蚕　下瘪脚马　送丧鼓锤　隔年历本
借花享佛　撒豆成兵　倚门卖俏　坐家招夫
卖对水烧　吃夹糖糕　火烧乌龟　纸糊老虎
酒肉和尚　柴米衙门　烧冷锅灶　赶热被窝
补门面杯　接线头礼　风流子弟　露水夫妻
土淹眉毛　痰迷心窍　急水下抢　顺风扯旗
哑巴吃饺　瞎子炒饭　七搭八搭　千差万差

卖炒米带秤　尽蜡烛念经
小吃大会赈　赊赌现拈头
财主没三代　和尚吃十方
霸王硬请客　韩信乱点兵
空心大老官　尖头小把戏
天阴背稻草　月洞看梅花
吃了齐心酒　烧过断头香
手尖眼睛快　头动尾巴摇
沈望三开店　王小二过年
背心贴膏药　脚面支锅铲
逼辣子下台　糊亡人过界

共酒肉朋友	打笔墨官司
泥佛劝土佛	钉头碰铁头
临老了出家	清早上遇鬼
王胱捞促织	大爷吃螺丝
一夫有一妻	百货中百客
长船短卸载	穷客富盘缠
眼前现世宝	肚里自鸣钟
急来抱佛脚	久后见人心
出头就碰头	开口还闭口
睁眼睛跳井	挺肚皮过桥
馋大娘吃肉	老和尚剃头
遇事惯打虎	到处乱搓鸡
小娃娃吃豆	老太太撒尿
吃粮不当兵	出恭带打酒
是个大草包	出些新花样
头顶锅儿卖	手指幌子摇
好吃又懒作	顺带不为偷
郭呆子招亲	陈草包嫁女
天界寺锅铲	古林庵罄锤
骑牯牛跑报	赶乌鳌上山
搬砖自磕脚	吃水也塞牙
头顶千斤担	脚踏两只船
哑巴梦着妈	瞎子遇见鬼
对准靶子射	盖着盒儿摇

三杯和万事　　一手托两家
狐狸修得道　　乌龟来拜年
丈母看女婿　　痴汉等丫头
骑驴叫脚痛　　打狗看面情
独拿张三胖　　代作马九爷
扳鸡带剪绺　　卖马不离鞍
刘二姐看会　　武大郎现魂
鸡蛋寻骨头　　蜻蜓吃尾巴
革去锅巴粮　　吃的裙带饭
蚊虫叮炭圾　　老鼠啃棺材
穿草鞋进被　　抱木主拜堂
满嘴热萝卜　　一肚乱草包
凤凰无宝不落　　蚂蚁有缝即钻
打出刀来看铁　　背着鼓去寻锤
盐钵里出生蛆　　医箱中跑老鼠
长话不必短讲　　大材可惜小用
朝吃鱼暮吃肉　　前怕虎后怕狼
一个鼻管出气　　四只眼睛谈心
巷裆里来赶猪　　城头上有跑马
篾片遇见磁瓦　　杉槁跟着本牌
鬼糊鬼哄倒鬼　　人比人气死人
说真方卖假药　　讲大话用小钱
拧着春盛进城　　拿起夜壶屙矢
壁脚下听鬼话　　床肚里放风筝

寿星老揹妈卖　张天师被鬼迷
外明不知里暗　前吃以至后空
屁股上带眼镜　喉咙里挂灯笼
马九爷带皮条　猪八戒吃抹布
三更鼓吃牛汤　六月心想鱼冻
吊死鬼打飞脚　搬不倒害相想
生米煮成熟饭　砒霜当作洋糖
二百里外听铳　三十晚上说书
打开头发赌咒　捏着鼻子叫干
三更灯火五更鸡　一碗锅巴两碗饭
酒店门前脱单裤　义家地上顽双刀
多个香炉多个鬼　一朝天子一朝臣
拾着红枣当火焰　过了黄梅卖簑衣
捧着猪头没庙进　不吃羊肉惹身膻
打虎须要亲兄弟　骑驴偏遇亲家公
打折孤拐望外撇　接起头发过几生
虾蟆想吃天鹅肉　蚂蝗叮住鹭丝脚
九等生意十等作　一夜夫妻百夜恩
卖嘴郎中无好药　烧锅和尚上高台
一人不如二人智　九里划着十里行
太岁头上莫动土　宰相肚里好撑船
顽灯要看散帖主　吃酒只问把壶人
世间惟有读书好　天下无如吃饭难
无事不登三宝殿　好水怎到四象桥

直着膀子穿衣裳	比准屁股裁尿布
骆驼长牙齿变像	狐狸漏尾巴现形
丢去拐杖受狗欺	见了井索怕蛇咬
后浪催将前浪去	这山望着那山高
倚着和尚来骂秃	抱的孩儿去当兵
东搁榔头西搁耙	左边绳子右边刀
捧着银碗来讨饭	拾到金钗错换钱
念完经谶打和尚	但愿文章中试官
今朝有酒今朝醉	各人作事各人当
倚着和尚骂秃子	教会徒弟打师傅
二分颜色开染坊	三个和尚没水吃
无钱作的有钱事	得意须防失意时
今日骑马又坐轿	别人牵牛来拔桩
真人面前说假话	小儿嘴里讨实情
吃生米遇着磕稻	没早饭碰见赊糕
一分行情一分货	半年辛苦半年闲
一紧二慢三休歇	七憎八嫌九臭厌
事经苦后方知苦	人在时中不显时
有钱打得手指肉	生意作到骨顶皮
装龙像龙装虎像虎	嫁狗跟狗嫁鸡跟鸡
说雨就雨说风就风	靠山吃山靠水吃水
鲤鱼管辨出鲫鱼管	死马医当作活马医
添十分颜色长十分俏	作一日和尚撞一日钟
癞虾蟆咒天越咒越仙	老和尚剃头一剃一刮

馋大娘吃肉块块是好　　　　癞和尚办斋个个嫌赃

任是跑马有时跑折腿　　　　好似苍蝇被人掐掉头

虾蟆跳下粪缸中尽着肚皮撑个饱　麻雀吊在烟囱里逃出性命没了毛

右见朱朝柱石琴《三度梅花馆杂著》稿本

附录：卢前手迹

鹧鸪天三首（题赠王伯祥先生，1937年2月28日）[①]

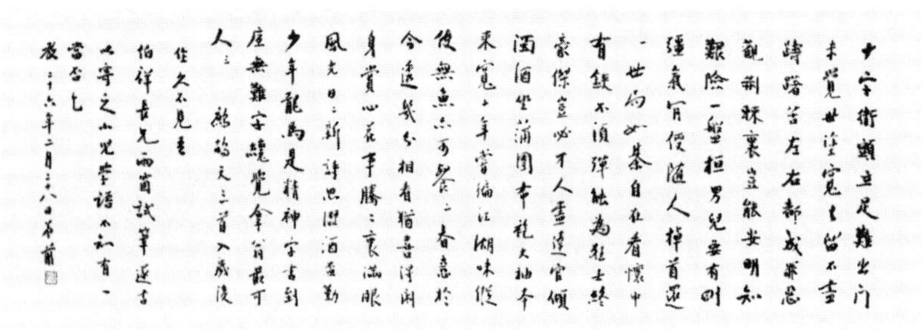

① 此幅文字为：

十字街头立足难，出门未觉世途宽。去留不尽踌躇苦，左右皆成罪恶观。

荆棘里，岂能安。明知艰险一盘桓。男儿要有刚强气，肯便随人掉首还。

世局如棋自在看，怀中有铗不能弹。能为狂士终毫杰，岂必人才尽达官。

倾浊酒，坐蒲团。布袍大袖本来宽。十年尝遍江湖味，纵使无鱼也可餐。

春意于今透几分，相看犹喜得闲身。赏心花事腾腾里，满眼风光日日新。

诗思涩，酒杯勤。少年龙马是精神。字书到底无难字，才觉拿翁是可人。

鹧鸪天三首　入岁后作。久不见吾伯祥长兄，雨窗试笔，遂书以寄之，小儿学语不知有一当否乞教。

二十六年二月二十八日弟前（印）

鹧鸪天二首（题赠赵清阁，1938年）[1]

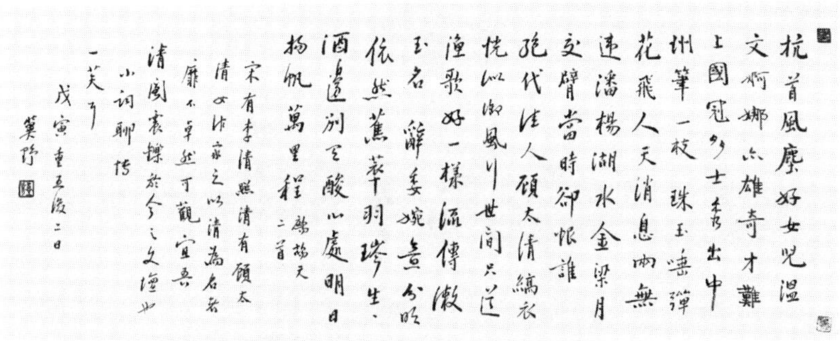

① 此幅文字为：

抗首风尘好女儿，温文婀娜亦雄奇。才难上国冠多士，秀出中州笔一枝。

珠玉垂， 弹花飞，人天消息两无违。潘杨湖水金梁月，交臂当时却恨谁?

绝代佳人顾太清，缟衣恍似激风行。世间只道渔歌好，一样流传潄玉名。

辞委婉，意分明，依然蕉萃羽琌生。酒边别有酸心处，明日扬帆万里程。

鹧鸪天二首　宋有李清照，清有顾太清，女作家之以清为名者，靡不卓然可观。宜吾清阁，震铄于今之文坛也，小词聊博一笑耳。

戊寅重五后二日　　冀野（印）

闻魏建功至①

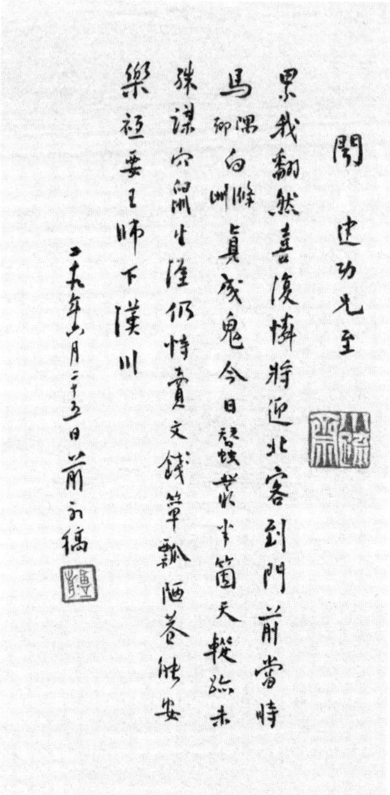

聞　建功兄至

累我翻然喜復憐將迎北客到門前當時
馬（隅卿）白（滌洲）眞成鬼今日蠶叢半箇天蹤跡未
殊謀穴鼠生涯仍恃賣文錢簞瓢陋巷能安
樂祗要王師下漢川

二十九年六月二十五日前示稿

---

① 此幅为一九四〇年卢前写给魏建功先生的诗。文字为：
累我翻然喜复怜，将迎北客到门前；
当时马（隅卿）白（涤洲）真成鬼，今日蚕丛半个天。
踪迹未殊谋穴鼠，生涯仍恃卖文钱；
箪瓢陋巷能安乐，只要王师下汉川。

二十九年六月二十五日前示稿

南南吕一封书　之慧奉母入蜀既送之江干复以词寄宜昌　二首[①]

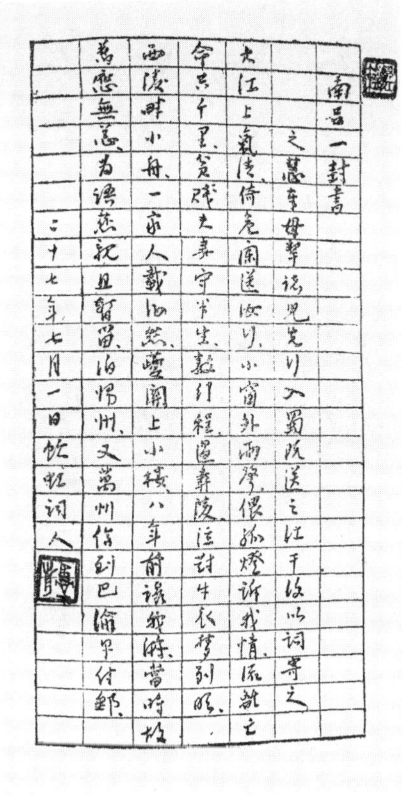
南呂一封書
之慧奉母挈諸兒先行入蜀既送之江干復以詞寄之
大江上氣清、倚危闌送汝行、小窗外雨聲、偎孤燈訴我情、流離亡命共千里、貧賤夫妻守半生、數行程、過彝陵、泣對牛衣夢到明、
西陵畔小舟、一家人載汝愁、夔關上小樓、八年前識我游、當時故舊應無恙、為語慈親且暫留、泊歸州、又萬州、信到巴渝早付郵、
二十七年七月一日飲虹詞人

① 此处“之慧”系“佘之慧”，为卢前之妻，此散曲作于一九三八年。文字为：
大江上气清，倚危阑送汝行。小窗外雨声，偎孤灯诉我情。
流离亡命共千里，贫贱夫妻守半生。数行程，过彝陵，泣对牛衣梦到明。
西陵畔小舟，一家人载汝愁。夔关上小楼，八年前识我游。
当时故旧应无恙，为语慈亲且暂留。泊归州，又万州，信到巴渝早付邮。
二十七年七月一日饮虹词人

关于马兴安先生的函[1]

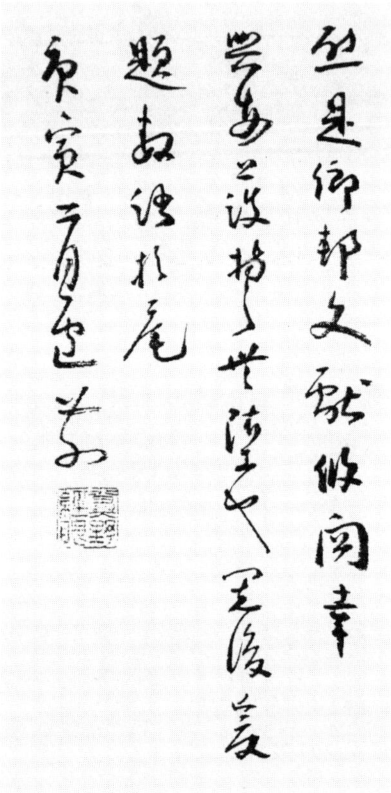

① 马兴安先生，是南京民间收藏南京文献的热心人士，也是卢前后来的好友。我幼时常见其来我家。此函应是卢前称赞马兴安先生关于保护南京文献之事也。当写于1950年2月。此处可能不全，似是信函第二页。本函文字为：

然是乡邦文献攸关，幸兴安护持之无堕也，阅后爰题数语于尾。

庚寅二月卢前（冀野经眼印）

宋词赏心录记[①]

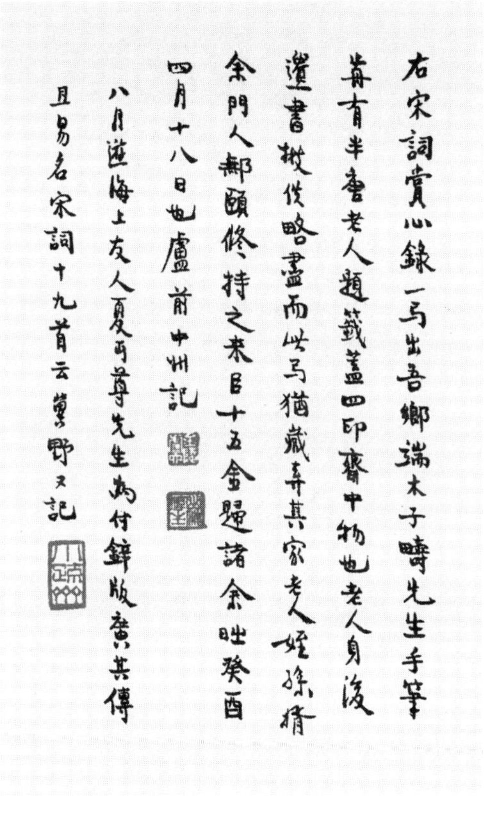
右宋詞賞心錄一卷出吾鄉端木子疇先生手筆
前有半唐老人題籤蓋四印齋中物也老人身後
遺書散佚略盡而此卷猶藏弆其家老人姪孫壻
余門人鄦頤修持之來以十五金歸諸余時癸酉
四月十八日也盧前中州記
八月游海上友人夏丏尊先生為付鋅版廣其傳
且易名宋詞十九首云冀野又記

① 本幅文字为：右宋词赏心录一卷 出吾乡端木子畴先生手笔，前有半唐老人题签，盖四印斋中物也。老人身后遗书散佚略尽，而此卷犹藏弆其家，老人侄孙婿余门人鄦颐修持之来，以十五金归诸余。时癸酉（1933）四月十八日也。卢前中州记（印）。八月游海上，友人夏丏尊先生为付锌版广其传，易名《宋词十九首》云。冀野又记。

减字木兰花[①]

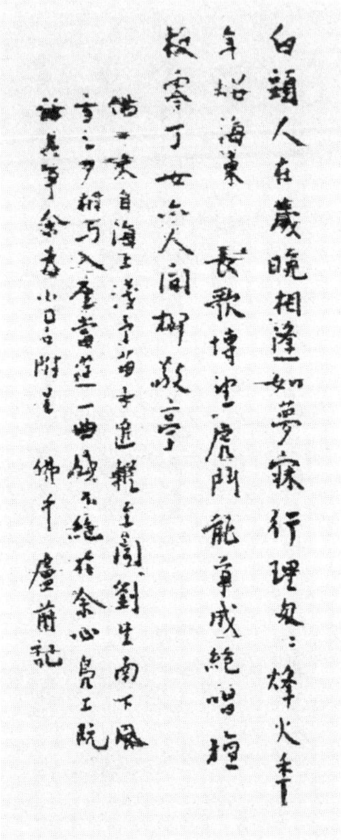

① 卢前大约在1936年3月，在叶浅予所画刘宝全像上所题一首：“减字木兰花”词，其中“浅予”是叶浅予先生，“苗子”是黄苗子先生，“凫工”是潘伯鹰先生，“佛千”是当时《十日杂志》编辑张佛千。文字为：

白头人在，岁晚相逢如梦寐。行理匆匆，烽火年年照海东。

长歌博望，虎斗龙争成绝唱。檀板零丁，汝亦人间柳敬亭。

前一天自海上，浅予苗子追踪至，闻刘生南下，风雪之夕，相与入座当选一曲，感不绝于余心。凫工既泳其事，余为小词附呈佛千。卢前记。